人物叢書

新装版

臥《が》雲《うん》辰《たっ》致《ち》

村瀬正章

日本歴史学会編集

吉川弘文館

晩年の臥雲辰致

明治30年（1897）11月24日（56歳）撮影

請願書
松本開産社内住
臥雲辰致
一綿糸紡績器械　壹具
右者信願候末ハ明治十年東京上野公園ニ於テ
内国博覧会御開設之際

請　願　書

（第二回内国勧業博覧会出品の際）

初期のガラ紡機

（第一回内国勧業博覧会に出品のもの）

現　在　の　ガ　ラ　紡　機

はしがき

日本の綿業発達史の上に、臥雲辰致《がうんたつち》の名はわすれられないものである。彼は、これまでの手紡《しゆぼう》技術を改良し、他の人の力に頼らず、ほとんど独力をもって、新しい綿紡機を発明した。その器械はいっぱんにガラ紡機とよばれている。日本の黎明《れいめい》期に際し、苦難の中にあっても発明に専念し、日本の産業発達に貢献した彼の功績は、まことに大きいものがある。

臥雲辰致の事蹟について、これまで断片的に発表されたものは数多くあるが、まとまった伝記としては、榊原《さかきばら》金之助氏の『ガラ紡業の始祖臥雲辰致翁伝記』以外には見当らない。本書も、同書に負うところが多い。私はこの伝記の執筆をひき受けたものの、乏しい史料に苦しみ、辰致の名前のよみ方に五通りもある有様であったので、いくたびか、辰致の生地であり活躍の地である長野県の松本市近在を訪れ、新史料の発掘に当り、辰致の末子臥雲紫朗《しろう》氏、孫川澄聰雄《としお》氏から種々御教示を得た。その結果、これまでの誤りを正し、新しい事実を発見することができたが、それは、困難な道であり、結果としては、辰致についての辞書的な役目を果すことができたに過ぎなかった。

私は、日本の資本主義発展の途上にあって、外からはすぐれた洋式綿糸が流入し、内には大規模な紡績工場が続々建設されつつあったとき、小規模の臥雲紡機すなわちガラ紡機が活用されたのはどういうわけだろうか。こうした疑問を頭にいだきながら、辰致の発明生活の背景を明らかにしようと努力したが、日本の資本主義の発展の中に、辰致の苦悩の発明生活が展開することを知って頭を痛めた。しかしガラ紡業が、他の機械紡績業のように、政府の保護をうけないで、自力で機械紡績糸の生産を手がけ、安価なガラ紡糸を大量に供給して、地方において綿織業の繁栄の原因となったということは、たとえそれが、器械という文字の示すように、欧米産業の技術にくらべて、いちじるしく低い水準のものであったにしても、明治初期における下からの資本主義形成の一時期を画するものとして、大きな意義をもっているものであって、臥雲辰致のガラ紡機発明の歴史的意義もここにみることができる。

私がこの伝記執筆の依頼を受けてから大分の期間を経たが、勤務の多忙、浅学の故をもって、ここにようやくその責をふさぐことができた。この間、調査の上に種々便宜をはかって下さった方、御教示や励ましのことばをいただいた方も多いが、一々ここに記さない非礼をおゆるし願いたい。なお書中特に註記しない史料については、前に記した榊原金之助氏の著書によることも了解願いたい。

一九六四年十一月

村瀬正章

目次

口絵

挿図

第一　生い立ち

一　信州に生まれる

田多井村に生まれる

臥雲辰致《がうんたっち》は、天保十三年（一八四二）八月、信濃国安曇《あずみ》郡田多井《たたい》村（いまの長野県南安曇郡堀金村大字三田字田多井）に生まれた。山の多い信州ではあるが、このあたりは松本盆地の北西側、いま北アルプスとよばれる山々のふもとにひろがる平野であって、安曇野《あずみの》とよばれる。この山から流れる烏川が、土砂を堆積して一面の水田にしたのであるが、田多井村は、この烏川のほとりにある。松本から一二キロメートルのところにあって、西側には高い山が立ちふさがっているこの地に、辰致は生まれ、育ったのである。

これまで、多くの書物は、ほとんど科布《しなぶ》村に生まれたと記しているが、それは、

儀十郎の二男

臥雲辰致の生家

辰致自筆の履歴書をもとにしたことによる誤りであろう。『南安曇郡誌』によると、明治初年に、これまであった田多井村と小倉村とを合併して区制をしき、のち科布村とよばれるようになったのが明治七年（一八七四）となっているから、辰致が生まれたところはそのころ田多井村であった。

辰致の祖父横山十四郎は、この村でも有数の豪農であった。父の儀十郎はその長男であったが、できがわるく、ばくちをうったりして親の信用がなかったので、分家した。けれども、本家と同じくらい分けてもらった田地を、ばくちのためなくしてしまう有様であった。母なみは、筑摩《ちくま》郡田沢村（いまの南安曇郡豊科町田沢）村田孫市の二女として生まれ、儀十郎のもとに嫁いできたのであった。辰致はこの儀十郎の二男として生まれ、幼名を栄弥《えいや》といった。兄を九八郎といい、妹四人につづいて弟の寿賀三《すがぞう》・納次郎が生まれた。

　この地方では、農間稼ぎとして、足袋底織のしごとを行うものが多かったが、兄の九八郎が成長するころ、儀十郎一家はこのしごとの有利なことに目をつけ、

安　曇　野

足袋底織の問屋をはじめた。九八郎はしっかり者で、よく家業を助け、近所の女たちもこの家に賃稼ぎにきて糸を紡《つむ》ぎ、製品は飛騨（岐阜県）方面にまで出した。

足袋底織のしごとは、古くから、この地方の農家で行われていたもので、それは、木綿を重ねて、太糸を針に刺して浮糸をこしらえ、一足ごとに製造していたが、天保年間に分部《わけべ》嘉吉が苦心の末機織《はたおり》器を発明し、それによってつくられた製品を信州底と称して市場に出したところ、大好評を得たので、それ以来松本周辺の特産品として、広く人々に知られるようになった。その販路も、江戸方面への行商人に試売させたところ、石底とよばれて非常な好評となったので、これに気をよくして、当時適当な副業のなかったところから、尾州（愛知県）・三州（同上）・遠州（静岡県）および善光寺地方から綿を買い入れ、これを打綿（篠《しの》）―繰綿―機綿して、足袋底をつくることが、農間余業としてこのあたり一帯の農家に取り入れられ、ようやく専業化するものが出てきたのである（『東筑摩郡・塩尻市・松本市誌』九七五ページ）。

幼時の環境

明治九年ころの、安曇郡下足袋底裏の生産状況は、「安曇村二十箇、上野村五駄、科布村（田多井村・小倉村の合併村）二十五箇、上州へ輸出す、豊科《とよしな》村二一三百反東国へ輸出す、南穂高村五千本」（明治十二年、『長野県町村誌』）という盛況であった。

栄弥も、十二―三歳のころから、父や兄のいい付けによって遠近の村々を廻り、綿を配り、糸に紡《つむ》いだものを集めて廻って家業を助けた（明治十四年第二回内国勧業博覧会報告書・「履歴書」）。このように栄弥は、自分の家はもとより付近一帯の農家で行われる手紡糸の工程を身近に見聞し、時にはそのしごとを手伝いながら、綿と糸の中で、手紡ぎ唄をききながら成長したのである。

綿屋で打つのは男のしごとで、柱に竹の弓をとりつけ、弦を木槌で打つと、ビーン、ビーンと鳴って振動するにつれて綿が巻きつく、それをよりこにするのは女のしごとであった。しかし、ビーン、ビーンと鳴らしながらの打綿、ブーイ、ブーイという手紡ぎの篠巻《しのまき》づくりの原始的な工程は、なかなか手間のかかるしご

篠巻づくり

とであって、母親たちが、冬の夜長を松明《たいまつ》のあかりをたよりに、夜おそくまで糸を紡ぐのをみて、幼少から聡明といわれた栄弥は、子供心にもっと能率のあがるそして楽な方法はないものか、もしそうした方法があるなら、母親の労苦を救うだけでなく、どれだけ多くの人が助かるだろうと考えていた。この考えが、のちにガラ紡機を生むもとになったのである。

はじめて小器械をつくる

　すなわち栄弥は、何とかしてもっと能率の上るよい方法はないものかと苦心の末、十四歳の終りころ、一つの小さな器械をつくり上げた。しかしこれは玩具のようなもので、実用には至らなかった（前掲「履歴書」）。この器械がどのような仕掛けであったかは分らな

発明のヒント

いが、いい伝えによると、栄弥が十四歳のころ、火吹竹の筒に綿を詰め込み、これを引き出して遊んでいる中、これが細く長く伸びてくることに気付き、しかも偶然に火吹竹が手からすべり落ちた拍子に、二－三回くるくるっと廻って、自然に撚《よ》りがかかり、一本の糸のようになったことに暗示を得、これを手がかりにして、苦心の末、一つの小器械をつくり上げるに至ったということである。古今の発明家が、その発明のヒントを偶然の機会から得ることが多いが、栄弥も火吹竹の偶然のうごきから、綿紡機発明の手がかりをつかんだのである。そして後にガラ紡機といわれるようになった臥雲機の、筒の中から引出した綿に、いきなり撚《よ》りをかけて糸に仕上げてしまうという着想は、この時に得られたのである。しかしながら、この時から、彼の生涯を貫ぬく発明生活ははじまり、それは、独創と苦難と栄光の道を歩むのである。

二　紡機の考案ならず入山

十四歳の栄弥が、苦心の末つくり上げた器械は、玩具に似て実用にならないものであって、誰も本気になってとり上げてくれる者はなかったが、栄弥の関心は新しい紡機の一点に集中し、家業の足袋底糸を松本の問屋に運ぶ道すがらも、紡機の改良だけに工夫をめぐらしていた。

発明にこる

松本平《だいら》でも、松本の町の近くは、山に近い田多井村の辺より田植がおそい。ある日家人が、町の近くの田植のようすをたずねたところ、「おら田植を見に行ったんでねえから知らねえ」と答えたという話や、朝晩人に挨拶はするが、誰にしたかは覚えていないという話は、今も辰致の子孫たちの家で、発明のことを語るたびに出る話である。

器械の改造

このようにして考案にこり、四－五年の年月は流れたが、その間に、紡機の要部である綿筒の廻転の部分に改造を加え、ようやくにしてやや完全とも思える一つの器械をつくり上げることができた。

実験は失敗

この器械は、前のものとくらべるとはるかに進んだものであり、一見して実用に役立つものと思われたので、急いで大工をやとって器械を整え、実験してみることになった。しかしその結果は、理屈通りに器械が動かず、実験は失敗に終った。父の儀十郎も、兄の九八郎も、この失敗を怒って器械をこわし、「このような良材は火にくべても役に立つが、この無用の器械は何だ。」といってののしったというが、栄弥はこれを意とせず、必ずその欠点を補い、実用に適した器械をつくろうと懸命にその改良に努めた。いろいろな工夫をこらしても、器械の部品は松本の町に行かなくては手に入らない。栄弥は、思いつくと夜中でも起きて部品を買いにでかけた。その辺にある着物をはおっていくので、夜が明けてみると、それが女物であったりしたという(辰致の生家横山紀悦氏談)。

終日考案にこる

こうしたことから、夜となく昼となく、新しい考案にこる栄弥をみる家族の目は冷たかった。それは、徳川幕府が、保守的現状維持の政策をとって、新しい発明や工夫を極端に抑えたから、時に新しい発明があらわれても、これが成長しないうちに刈り取られ、滅ぼされてしまう時代でもあったからである。栄弥の受けた衝撃も大きく、彼は、終日《しゅうじつ》腕を組んで考案に耽《ふけ》る日が多くなり、家業も怠りがちとなっていった。家族からみると、それは異状の姿であったので、一種の病気と判断して、薬をすすめたり気分の転換をはかったりしたが、その様子は一向改まらなかった。心配した儀十郎は、このままでは将来の見込なしと判断し、行く末を考えて、ついに隣村の岩原村(のち烏川村)にある宝隆山《ほうりゅうざん》安楽寺の智順和尚に依頼して、その弟子にしてもらうことになった。

入寺の事情

入寺の事情については、栄弥が発明にこって、様子が尋常でなく、このままでは、一つの思いつきが成功するまでつづけるというこりかたで、これでは営利の業には適しない、こうしたりこう者は、僧となって世の人の上に立つ方がよいと考えた家人は、栄弥に僧となることをすすめたというが、当時安楽寺の寺男であった同村の杉本平吉翁の話として、「この時栄弥は、まげを切って家の中へ投げ込んだ。」と伝えている。紡機発明の執着を断たれた余憤を示したものであろう。

このようにして、智順和尚の弟子となった栄弥は、法名を智恵《ちえ》と名付けられ、ひたむきに仏道に精進《しようじん》する身となった。時に文久元年（一八六一）、栄弥二十歳の春であった。

このころは、すでに幕府の威令も行われなくなって、世の中は騒然としていた。すなわち前年の万延元年には、大老の伊井直弼《なおすけ》が水戸・薩摩浪士らによって桜田門外で刺殺され、将軍家茂《いえもち》は皇女和宮《かずのみや》を迎えることを公布、諸国に打ちこわしや一揆が続発しており、この年文久元年には、ロシア・イギリスの軍艦があいついで対馬に来航、和宮下向《げこう》などのことがあり、国の内外ともに難問題が横たわって

仏門に入った栄弥

いた。

二十歳にして仏門に入った栄弥すなわち智恵は、こうした時代の激動をよそに、智順和尚の教えを受け、ひたむきに仏道に精励した。生れつき聡明であった上に、その精進のかいあって、学徳はしだいに高く、ついには先輩をしのぐ程になった。すなわち、寺には智恵の上に長老の智海がいたが、村人からは、智恵の方がひとり人望があった。

智恵は料理が上手で、信州特有のそば打ちにも、長いめんぼうを上手に使い、揚げ物をするにも、しそ・菊の葉などは一枚ずつ使うのがふつうであったが、智恵は何枚かを使って工夫し、うまく形をつくるという風であった。檀家の婦人連の話では、彼はひょうきんであったといい、婦人の帯も上手に縫ってあげたという。しかし寺でも、智恵は器械の考案を怠らなかった。

この安楽寺十八代の智順和尚に抜擢《ばってき》されて、智恵は、末寺であって同じ岩原村

臥雲山孤峰院の住持となる

にある臥雲山孤峰院《がうんざんこほういん》の住持となった。智恵は時に二十六歳、王政復古の大号令が発せられ、開国進取の明治の時代が始まろうとする慶応三年（一八六七）のことであった。

臥　雲　山

第二　ガラ紡機を発明する

一　還俗、臥雲辰致を名のる

廃仏毀釈

智恵は、孤峰院の住持として居ることわずか四年、明治四年（一八七一）には早くも廃寺の運命にあわなければならなかった。それは明治初年の廃仏毀釈《きしやく》の波が、この地方にも押し寄せてきたからである。

維新政府は、祭政一致の古風にならい、明治元年神祇官を設けて太政官の上におき、三月には全国の神社を神祇官の所管として各神社へは僧形《そうぎよう》の立入を禁止し、ついに閏四月太政官布告を以て神仏分離を厳達した。同時に権現・菩薩の神号を廃し、神社境内の寺院をこわし、神社内の仏像仏具を撤去させ、さらに各寺院の黒印・朱印の除地《じょち》はすべて没収上地《あげち》を命じた。三年正月には大教宣布《せんぷ》の詔勅を発し、神道をもって唯一の国教と認めた。

松本藩の神仏分離

こうした情勢の中で、松本藩のうごきは特に激しく、五社内の弥勒院《みろくいん》をこわした。これは藩主戸田家の宗祖《そうそ》をまつった五社の別当であったが、ここに住む僧は、同社の神官となり、仏体は他に移し、仏具は焼きすててしまった。

これは政府の命令によったのであるが、その翌明治三年より、藩知事である戸田光則の発意により、重臣と相談の上、「まず一家を神葬祭に改め、臣の菩提寺《ぼだいじ》は学校に、管内無檀無住の寺は廃却《はいきゃく》したい」旨太政官へ願い出て、藩士卒族願いしだい神葬祭にし、ついには指令を受けた上、まず範を示して、戸田家の廃墓のある前山寺をこわし、菩提寺である全久院も廃して学校とした。

一方領内に対しては、疾風迅雷《しっぷうじんらい》の勢いをもって村々の役人を藩庁によび出し、朝廷崇拝の旨を説き、ついに領民一同を残らず神葬に改宗させることを命じ、ついで各寺院の僧侶をよび出して廃寺帰農をすすめた。

当時はまだ封建の余風が残っていたので、藩命はその後の勅命のような権威を感じさせたことと、僧侶一般の堕落から、仏徳が衰えかけていた時であったので、経済上の利得を考えて、この命令は百姓一般のよろこぶところであって、非常な勢いをもって行われた。藩は松本町の大名主《おおなぬし》に命じて、明治四年三月、特に膝下《しっか》の寺院へ通達し、住職・僧侶一同を会所へ集め、藩官に命じて廃寺帰農をきびしく諭し、藩命に従わなかった瑞松寺《ずいしょうじ》の和尚を獄に下したので、町中の寺院は前後して廃寺帰農を申し出るようになり、その数十七寺に及んだ（『松本市史』下、一〇八ページ）。

このようにして、その勢いは藩内一般に及んで、檀家の少ない安楽寺、および孤峰院も廃寺の運命に立ち至ったのである。智恵は、岩原村の庄屋山口吉人《よしと》とたえず相談し、還俗《げんぞく》することになった。彼は孤峰院の山号をとって氏とし、臥雲辰《がうんたっ》致《ち》と名乗り、岩原村に居を定めた。時に三十歳であった。

この臥雲の姓を名乗ったのは、寺はなくなっても、一応一寺の住職となって抱いた、衆生済度《しゅうじょうさいど》の彼の生活信念のあらわれであろう。智恵還俗の報が伝わると、それを惜しむ声が村人にささやかれた。学校では、生徒を集めてその徳を称《たた》え、名僧がやむなく俗に還ることを惜しんだという。

「たっち」が正しい

辰致の名の読み方には、これまでいろいろあった。平凡社刊の『大人名辞典』(昭和二八年)は「たっち」と読み、村沢武夫編『信濃人物誌』は「ときむね」、信濃史談会編『信濃の人』は「しんち」、『日本歴史大辞典』(河出書房新社刊)は「たつむね」、また浜島書店刊の『資料歴史年表』では「たつとも」と読むなど、はなはだまちまちである。しかし最近まで現存していた辰致の末子臥雲紫朗氏はじめ、辰致の子孫の者、および安楽寺の檀徒総代であり岩原村の庄屋であった山口吉人氏の長男清三氏の語るところは、みな「たっち」と呼んでいたということである。紫朗氏の語るところによると、明治年代に発行された高等小学校用の修身書などに辰致の事蹟が掲載された時、各種の読み方をしたのが混乱のもとであろうということである。

二　最初のガラ紡機

辰致が寺で過した十年間

仏道に精進《しょうじん》すること十年、ようやく一山《いっさん》の住持に納まった青年僧侶智恵にとって、この廃寺還俗は相当の衝撃であったに違いない。そしてまた智恵が僧侶として過した二十歳から三十歳までの十年間こそ、文久元年から明治四年にいたって展開した疾風怒濤の時代であった。すなわち、このあいだに海外勢力の強い圧迫と尊王攘夷の論争、勤王の志士の急激な活動が一度に並行《へいこう》してやってきて、幕府勢力は急に衰亡に向かうようになった。そこにすでに幕府政治の破局、町人の実力台頭と百姓の不平などが重なってきたので、幕府も諸藩も、上下の武士階級の意見が衝突し、相次いで行われた改革も及ばず、下級武士の勢力がしだいに増大し、百姓一揆もしきりに起って、幕府の地位も安定を欠くようになった。

開国

とくに開国が、経済の面でも政治の面でも徳川封建制をゆさぶり、ついにそれを崩壊させていったのである。経済の面からみると、通商条約を締結してから貿易は年をおって発展したが、後進国のつねとして、輸出したものは生糸・茶などの原料品か半加工品であり、輸入したものは、近代産業の生み出した綿糸・綿織物・砂糖・機械類・武器などであった。開国後こうした貿易によって、東山・関東・東北にかけての養蚕業や、静岡・宇治などの茶の生産は急激にふえていき、他

輸入綿糸

方、輸入綿糸は農村にも相当はいっていき、農村の自給体制を両面からつきくずす大きな力となっていった。それが農民層の分解をうながすとともに、百姓一揆を頻発せしめる原因となったことはいうまでもない。そのうえ、自給的な生産力しかもたなかった日本の経済のなかに、貿易がはいってきたのであるから、それがいちじるしい物価騰貴をひきおこしたのは当然であった。また開国とともにか

なりの金が流出し、それが日本の国内経済に一種のインフレを起さしたのである。

こうした物価騰貴は、下級武士、中以下の町人や農民をますます窮迫させた。そこでかれらの反幕意識は、いっそう強められたのである。そして起った公武合体論と尊王攘夷の論も、封建社会の内部の変化と、新しい国際関係に直面して、倒幕論となって民衆の支持をうけるようになった。幕府は、長州征伐によってその威信を失い、慶応三年王政復古の大号令となり、幕府政治は終りをつげるにいたったのである。

紡機発明への強い熱情

明治四年、山を下った辰致の身のまわりにも、このはげしい時代の波がおしよせていた。彼の紡機発明への強い熱情は、単に幼時ののぞみを達するということのほかに、開国によって国内に流れ込んでくる商品、わけても、当時のわが国の手工業的な生産機構を根柢からおびやかしつつあった、外来の綿製品に対処しようとする意義をもっていた。それは開港前、薩摩の豪商浜崎太平次が、南方より持ち帰った綿糸を手にして、「これこそ、将来必ずわれわれの膏血《こうけつ》をしぼるであろう。」といってうれえた島津斉彬《なりあきら》の自覚（絹川太一著『本邦綿糸紡績史』）と通ずるものでもある。当時外来の紡績糸を唐糸《からいと》とよんでいたが、辰致は、この唐糸にまさる糸をつくろうとしたのである。村の中から、北海道へ出稼ぎに出る者もあらわれるはげしいうごきの中で、このことは青年辰致の抱いた発奮であった。

新しい器械をつくる

ここに、再びかつての望みを再現し、紡機の発明に精進することになった。彼は、以前に手をつけた器械をとりよせて座右におき、分解したり組立てたりして、これに改良を加え、苦心の末、ついに新しい器械をつくり上げることができた。この器械は、旧製のものと異り、運動が簡便で粗糸《あらいと》をつくるのに適したもので、辰致長年の苦心はここにようやく実を結んだのである。時に明治六年、辰致が三十二歳の時であった。

彼は、この年はじめて新しい器械を用いて、足袋底に用いる太糸をつくった。

この太糸こそ、彼の母親をはじめ、村の女たちが薄暗い松明《たいまつ》をたよりに、夜おそくまでブーイ、ブーイと手《て》紡《つむ》ぎ車を廻してつくったものである。不完全な器具、その余りにも労の多い手紡ぎの労をはぶいて、もっと楽につくろうと考えた少年時代の夢がここにはじめて実を結んだのである。

ガラ紡

辰致の発明した器械は、これまでの洋式紡績機に対して、「和式」または「臥雲式」とよんだり、そのガラガラ騒音を発するところから、「がらがら紡」などとよばれてきたが、「ガラ紡」の名が長い間使用されてきた。いま業界では、「和紡」といい、その製造した糸のことを「和紡糸」とよんでいるが、一般にはまだ「ガラ紡」の名でよばれている。

辰致はまた、この年行われた地租改正の事業実施に当って、実地調査のために、測量器をつくったが(前掲「履歴書」)、この時測量したものは、今日に至るも訂正はないという。

最初の結婚

このころ、彼は南安曇郡北大妻村（いまの南安曇郡梓川村）松沢兼松の孫くま（十八歳）を妻に迎えた。

三　ガラ紡機の改良成る

専売免許を求める

辰致が明治六年に初めて完成した最初の紡機は、すでに述べたように、構造が簡便で、粗糸をつくるのに便利なものであり、在来の手紡車にくらべると、まったく画期的な新発明であった。辰致は、明治八年官に請願して、紡績機の専売免許を求めたが、当時はまだ特許の法が備わっていなかったので、単に公売を許されたのに止まったので、発明の利得に浴することはできなかった。辰致はその年

弟納次郎を養子

筑摩郡波多《はた》村（いまの東筑摩郡波田町、この町は昭和のはじめ、政友・民政両党の争いが激化して村政が紛糾したので、波多村の名をきらって波田村と改めた）に居を移し、当時十六歳であった弟納次郎を養子とした。

当時の辰致の生活状態は、長い間の苦心によって、ようやく紡機を発明したも

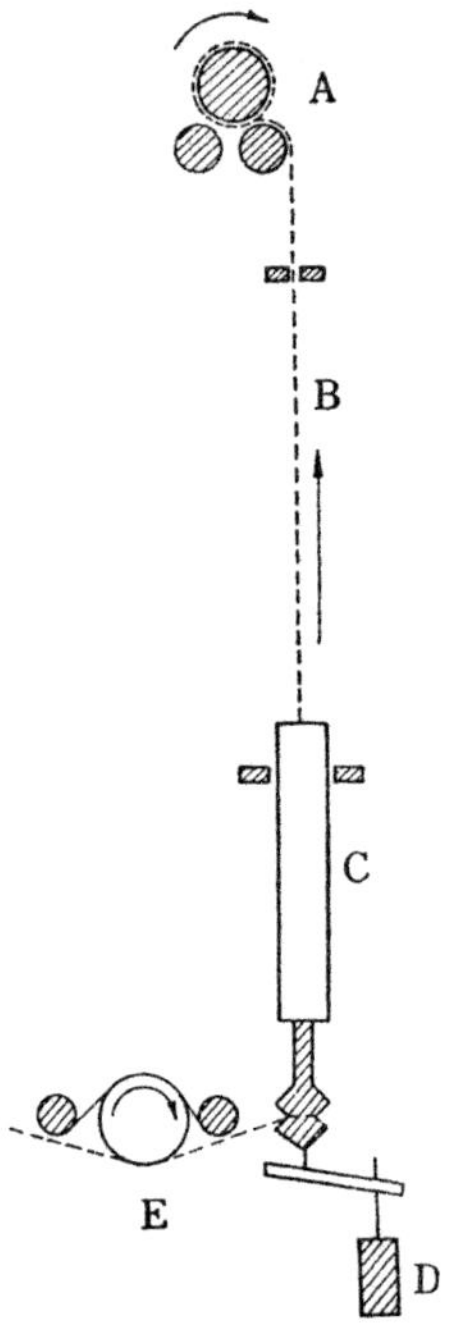

ガラ紡機構造の図

のの、資力が尽きて、独力で器械の製造販売をすることができない有様であった。しかし彼は、こうした生活上の困窮に屈せず、さらに工夫して器械を改善し、完全無欠の良機をつくり出そうと心に決し（『実業人傑伝』）、精進を重ねた結果、ついに明治九年三月に至って、

器械の改造に成功

器械の改造に成功し、細糸の製造に適するものとすると共に、別に機織《はたおり》機械を考案した。

ガラ紡機の構造

辰致の発明した紡績器械の構造は、どのようなものであろうか。中村精著『日本ガラ紡史話』に記すところによって説明すると、その構造は極めて簡単なものであった。

直径一寸ばかり、高さ五—六寸のブリキ筒(C)を垂直に立て、この中に綿をつめこんでおく。そしてその筒の中の綿に糸口をつけて、静かに上へ引き上げるのである。その時、筒は廻転しているから、引っぱり上げられる糸(B)は、伸びて自然に撚《より》がかかって糸になり、井戸車型の糸巻(A)に巻きとられるというしくみである。また糸の大小は、筒に装置した分銅(D)を加減し、その廻転速度を調節することによって、自由に製造することができる。ブリキの筒は、中央の軸(E)から張られた紐によって廻転する。ブリキの筒は、左右に二列に並んでいるのであるが、図には一方を省略した。最初の器械の錘《すい》数は二十四本くらいで、これを手で運転したものであった。

ガラ紡機の特色

この器械を、洋式の紡績機械とくらべてみると、その特色がよく分る。洋式の紡績機械では、ミュール式でも、リング式でも、最初に撚《より》をかけて糸に仕上げる精紡工程の前に、あらかじめ綿紐をつくっておかなくてはならないのに、辰致のガラ紡機では、筒の中から引き出した綿に、いきなり撚をかけて糸に仕上げてしまうのである。ここに洋式紡績機との根本的なちがいがある。

だから、ガラ紡機ではどうしてもなめらかな細糸を紡《つむ》ぐことができず、その糸は、手紡糸のように太くて節《ふし》があった。しかしガラ紡機は、その工程が簡単であって、従来の手紡車にくらべると、その能率が高く、生産費がやすかったので、その点ではまったく画期的な発明であったといえる。そして洋式紡機にくらべて幼稚ではあるが、器械の名が示すように、その製作が簡単であり、低廉な費用で製作することができ、その取扱方法も簡便であったところに大きな特色をもっていた。

県官の臨席指導をうける

辰致は、新造の紡機・織機を提《ひっさ》げて筑摩県庁に請願し、県官の臨席指導を求めた。時に政府は、大久保内務卿（利通）の指導の下に、殖産興業の旗印をもって、全国的に産業の保護奨励を行っていた時であったので、県吏の河合・杉浦両氏は、直ちに出張して器械をみ、これを運転させてこまかにしらべたところ、従来の手紡車にくらべて非常にすぐれたものであることが分ったので、その効用を大いにほめ、松本開産社に出すことを勧め、出品について種々斡旋《あっせん》することになった。

松本開産社の設立

この松本開産社というのは、どのようなものであろうか。明治政府は、資本主義的生産を急速に発展させるために、このころ官営の鉱工業を営む一方、民間企業の保護育成に力を注いだのであるが、このため民間の企業活動を推進する上には、資本の蓄積が必要とされたので、不換紙幣の発行を試みると同時に、各府県に訓諭して、殖産興業を目的とする会社を組織させて、資金を集中し、その円滑《えんかつ》な流通を図ろうとした。

当地方では、明治六年、筑摩県権令《ごんれい》永山盛輝が、管下の筑摩郡・安曇郡・諏訪郡・伊那郡・飛騨国(いまの岐阜県)大野郡の大区長三十名を集め、かれらを発起人として、この開産社の設立を企て、翌明治七年、筑摩郡北深志町に生まれたものであった。

その大綱《たいこう》とするところは、

第一　業を勧《すす》め、産を開くこと。

第二　義務を尽すの庭にして、私利を射るの場にあらざること。

第三　県庁保護の旨趣を実践すべきこと。

であって、「社員たるものは、平常区内を巡廻し、風俗を視察し、田野《でんや》・道路の治否《ちひ》、家屋の潔穢《けつえ》、其余百般の事に注意し、目の触るるところ、耳の聞くところにしたがい、精細思慮し、其村長を議し、其伍長に詢《はか》り、あるいは直ちに其人について懇々切々産業に勉励するを説諭し、努めて開明進歩に誘導するを要すべし」とあるが、要するに個々の民衆を富ますために、産業開発の資金を供給すること、および各自の勤勉努力を高唱したものであって、もしこれを前の時代に求めるとすると、報徳社と同じで、これを後の時代にみると農工銀行か産業組合に似たものということができる。開産社は、当時筑摩県税課中属《ちゅうぞく》北原稲雄を社長に任命し、発起人三十名を副社長とし、他に六十七名の開産方を任命して開業したものである（『松本市史』下、三九ページ）。

四　松本連綿社の設立

連綿社をつくる

辰致は県吏のすすめに応じ、明治九年五月、有志と協力して、器械の大量生産を計画（「履歴書」）、開産社内の一部を借りて連綿社という一社を設立して、器械製造のしごとを始めた。

模造品の出現を防ぐ

模造品の出現を防ぐには、構造の要部を、他に知られないようにすること以外にない。彼は前に模造品の横行に悩まされた失敗があるので、こんどは、改良要部の構造を秘密にして、慎重な態度で臨んだ。すなわち器械のことについて決して他言しないことにつき、大工百瀬《ももせ》与市、製作一手引受人吉野義重より左のような「約条証書」を提出させた。

約条証書

今般糸布機械御製造被レ成候ニ付、御県へ御伺ヒノ上、各別ノ御贔屓《ひいき》ヲ以テ永ク御雇被レ下候段、難レ有仕合奉レ存候。然ル上ハ向後《こうご》機械上ノ義ニ付、決（シ）テ他言申間敷《まじく》候。若シ他言イタシ候節ハ、縦令《たとえ》一言タリトモ御宥免《ごゆうめん》無レ之、以後御用立タザルハ勿論、県庁へ御訴被レ成、何様ノ御処分ヲ蒙リ候共、其節ニ至リ聊《いささか》云々《うんぬん》申間敷、為レ其約条証書差上申処、仍テ如レ件《くだんの》。

明治九年六月十八日

筑摩県下第四大区三小区波多村

大工　百瀬与市

証人　川澄東左

糸布機械御社中

妻くまを離縁

取替約定書

今般新発明之紡糸並布機製造ニ付、格外ノ懇談《を》以《て》製作方一式引受候上者、総《すべ》テ発明之指揮ニ応ジ精々尽力シ、成丈《なるだけ》精密ニ製造可レ致候。且機械之活動ヲ他人ニ伝授シ、私ノ利を貪《むさぼ》リ候様之儀決而《けつして》仕間敷《るまじき》ハ勿論、万事社則ヲ守リ可レ申候。万一不都合《の》事件有レ之候ハバ、社中協議之上、何様之謝罪タリトモ違《い》背《はい》申間敷候。為ニ後日一《の》約定証書、仍而《よつて》如レ件。

明治九年十月五日

南第一大区七小区北深志七番町区

本人　吉野儀重

綿糸機械社中惣代　臥雲辰致殿

この年の六月、辰致は妻くまを離縁した。

ここで、わが国の幕末から明治にいたる、紡績業の実情を述べておこう。さき

日本最初の紡績工場

石河正竜の献策

に述べたように、舶来の綿糸すなわち唐糸《からいと》を手にして、将来を考え紡績事業の研究をすすめたのは、薩摩藩主島津斉彬《なりあきら》であった。彼は藩士にいいつけて、紡績工場の建設を志したが、それはやがて、彼の没後、イギリス製のスロッスル機・ミュール機をとり付けた、三千六百四十八錘《すい》の鹿児島紡績所の建設となった。慶応三年（一八六七）のことである。薩摩藩では、つづいて明治三年（一八七〇）、第二の紡績工場である二千錘の堺紡績所を設立したが、この工場建設の仕事を命ぜられた石河正竜が、藩主に献じた意見書の中で、紡績機械と手紡車との優劣を論じている。すなわち、

洋人嘗て日本の機械の開けざることを笑ひて曰はく、日本は人を以て牛馬の代りに使ふと。是れ一時の滑稽《こっけい》に候得《え》共、深く意を着く可き所に候。人を牛馬の代りに使ひ候こと実に可レ歎事に候。今紡績機之事の次でに、紡事《ぼうじ》を以て機械の利を論じ候はんに、蒸気機を以て紡するは、常用手紡車を以てする

より速かなること二十倍にして、機械の大小一ならず候へども、通常一車に五百縷《る》を紡し、而して二車の間に嬰児《えいじ》一人居りて、断れたる糸を続《つ》ぐ等の事を作《な》し、七―八車の間に成人一名居りて、これを監《かん》するのみに候。日本に於ては首《はじ》めより是の如きこと能はざるべく候得共、機械の本旨は、人を使はざる所に候得ば、竟《つい》に是《かく》の如きこと能ふ可く、又必ず能はざることを得ざるなり。――和州(奈良県)・河州(大阪府)・泉州(同上)に於ては、職工の中手《ちゆうしゆ》は一日に木綿二端《たん》を織り、紡工の上手は一日に木綿糸僅かに四十匁を紡し、布一端凡《およそ》糸百六十匁と相定め、上手と中手とを比して已《すで》に一と八との差有レ之、是れ紡機を急とし、七年来切願仕罷在《りまかりあり》候訳《わけ》に御座候。(絹川太一著『本邦綿糸紡績史』)

薩摩藩では、このように西洋式の近代工業を移植することによって、藩の財政を立てなおそうとし、つづいて明治五年にはさらに第三の紡績工場を東京府下滝野川村(いま東京都北区滝野川町)に建設した。これらの工場は、いずれもイギリス製の機械を使っていたもので、これが当時わが国紡績工場の全部、その錘数の合計わずか六千二百二十四錘、これをもって外国から流入する綿製品を防止することなど思いもよらないことであった。

すなわち、明治元年から同十年にいたる十年間に輸入された商品の総額は、表にみるように、およそ二億四千六百万千七百余円であったが、そのうち綿糸布は八千九百五十八万六千六百余円、輸入総額の三六パーセントをしめていたのである。

外国綿糸布のはげしい流入

このような外国綿糸布のはげしい流入は、在来の綿業に大きな影響を与えずにはおかなかった。とくに、わが国の手紡は品質のそろった外国からの輸入綿糸、すなわち唐糸によって明治十年前後から圧倒されはじめたのである。

このようにして、わが国在来の手工業的な綿業は危殆《きたい》に瀕《ひん》したので、紡績界の

山辺丈夫の警告

先覚者山辺丈夫《たけお》も警告して、「今にしてこれを救治するの策を講ぜずんば、内地

産綿の業、地を掃《はろ》うて尽き、唐糸の溢入《いっにゅう》さらに停止するところを知らず、国を挙げて、衣料を外邦に仰ぐにいたる、また知るべからず。」と叫ぶにいたった（庄司乙吉・宇野米吉共著『山辺丈夫君小伝』）。

したがって、この圧倒的な綿製品の流入を如何にして防止するかは大問題であった。もしこの対策を誤るならば、それは紡績だけに限らず、わが国はヨーロッパならびにアメリカ合衆国の資本主義の

第1表　綿関係輸入額表（明治1―10年）

年度	A 総輸入額 (千円)	B 綿関係輸入額 (千円)	B／A	C 綿　糸 (千円)	C／B	D 綿織物 (千円)	D／B
明治 1	10,639	4,204	40	1,240	30	2,543	61
2	20,784	7,132	34	3,418	48	2,623	37
3	33,742	8,141	24	4,522	56	2,982	37
4	21,917	9,256	42	3,510	38	5,525	60
5	26,175	10,313	39	5,335	52	4,888	47
6	28,107	9,276	33	3,400	37	5,609	61
7	23,460	10,072	43	3,573	36	5,405	54
8	29,976	9,483	32	4,058	43	5,046	53
9	23,965	9,529	40	4,152	45	4,908	52
10	27,420	8,714	32	4,085	47	4,195	48

（服部之総・信夫清三郎共著『明治染色経済史』p.54より）

前に屈服して、植民地化され、やがては政治的にも軍事的にも、その他あらゆる点において、その支配の下におかれなくてはならないかもしれない。これは単に経済問題にとどまるものではなかった。

この対策は、明治政府によって真剣に考えられたが、かれら先進諸国が、わが国を経済的に圧迫するのは、かれらが優秀な機械設備をもち、かつ大資本をもって経営しているのであるから、まず何よりもかれらに対抗するためには、わが国自身がそうした設備資本をもたなくてはならないということであった。

富国強兵 殖産興業

そこで明治政府によってかかげられた旗印《はたじるし》は「富国強兵・殖産興業」であり、これこそ明治日本の民族的志向でもあった。明治六年に内務卿になって、明治政府の事実上の中心となった薩摩藩出身の大久保利通も、

富国強兵をなしとげるためには、どうしても、近代的な産業をおこさなくてはならない。また現在、日本の貿易は、外国の商人によって支配されている

が、もっと日本人による商業・貿易をさかんにして、外国商人の支配をなくさなくてはいけない。しかし、これらのことを実現するためには、民間の自主的な努力にのみ任せておくわけにはいかない。どうしても、政府が強力な指導と保護を与えなくてはならない。

（『大久保利通文書』五巻―読売新聞社『日本の歴史』）

といっているが、そのために政府はあらゆる努力を惜しまなかった。

少ない国内機械製綿糸

とくに、当時の国内機械製綿糸の産額をみると、明治十一年、三府五県七工場の合計で、同年の綿糸輸入額の、わずか二・八パーセントにすぎないという状態であったが（『綿糖共進会報告』第一号、明治十三年刊）、前に記したように、多量の外国綿糸布に対抗するものは、洋式の機械製綿糸しかなかった。けれども当時のわが国の経済状態は、まだまったく封建制度から離脱することができず、近代的な技術と資本を前提として成立する大規模な工場制度を移植する地盤はきずかれていなかったので、政府は、民間資本の形成をまたずに、上からの近代化を早急に実現しようとして「殖産興業」の政策をとったのである。これが各種の「官営模範工場」の設立経営となってあらわれた。すなわち十年には、マンチェスターより政府の購入したミュール紡績二組をもって、愛知・広島の二綿作地に官営の模範工場を設置し、十三年には、全国の綿業地帯一ヵ所に紡績所を設立し、華士族授産金によってイギリスより購入した紡績機十基を、無利息年賦償還の方法によって民間に払い下げる措置をとり、十五年以後には、紡績機代金の政府立替え払いによる、三紡績所が設立されるのである。この結果つくられた紡績工場はつぎの表のようなものであった。

官営の模範工場の設立

しかし、このような明治政府の外国機械の移植によって発足した洋式紡績の成長の間にも、在来の手紡は何等の助力も頼まず、独自の道を歩んでいた。そしてこの手紡技術に革新的な改良を加えたガラ紡機が、臥雲辰致によって発明され、

第2表　政府保護による機械紡績工場設立表

方法別	紡績所名	所在県名	開業年度	錘数	職工数	原動力	馬力
A	広島紡績所	広島	13年	2,000	101	水力	25
	愛知　〃	愛知	14年	〃	83	〃	30
B	玉島　〃	岡山	15年	4,000	207	気力	20
	市川　〃	山梨	〃	2,000	46	水力	30
	三重　〃	三重	〃	〃	102	〃	〃
	下村　〃	岡山	16年	〃	58	気力	54
	豊井　〃	奈良	〃	〃	48	水力	30
	島田　〃	静岡	17年	〃	〃	〃	〃
	長崎　〃	長崎	〃	〃	88	気力	22
	遠州二俣紡績会社	静岡	18年	〃	101	水力	36
	下野紡績所	栃木	〃	〃	99	〃	65
C	桑原紡績所	大阪	15年	2,000	80	水力	18
	宮城　〃	宮城	16年	〃		〃	40
	名古屋　〃	愛知	18年	4,000	108	気力	83
D	姫路　〃	兵庫	11年	2,000		(水力 (気力	(15 (12
	渋谷　〃	大阪	13年	3,000	150	気力	30
	岡山　〃	岡山	15年	2,000	138	〃	20

A　官営模範工場　　B　紡績機械の年賦払下工場
C　紡績機械の代金立替払工場　　D　その他
絹川雲峰氏『本邦綿糸紡績史』第2,3巻『第三次農商務統計書』19年刊（信夫清三郎氏『近代日本産業史序説』P. 89—90）

その大量生産をめざした松本連綿社が、このような情勢の中に設立されたのである。

第三　ガラ紡機全国に普及する

一　ガラ紡機製作の事業化をはかる

ガラ紡機出現の意義

明治九年当時わが国の洋式紡績は、紡錘《ぼうすい》六千、織機《しよつき》百台、ただこれだけ(絹川太一氏著前掲書)であったが、この時に構造軽易・操作簡便な臥雲機の出現は、まさに干天《かんてん》に雲霧を望むようなものであり、たちまちにして全国へ普及し、わが国綿業史の上に果した役割は、後年の屑《くず》繊維による繊維産業の意義とは別に、きわめて高く評価されるべきものである。明治三十四年農商務省刊行の『紡績沿革』の記事が、

この機は四〇―五〇錘立《だて》の小機械にして、構造簡単、太糸紡績には差なく、小額の資本にて運転し得るものなりしかば、たちまち各地方において之を模

造し、大いに農家の採用するところとなり、ガラガラ紡機と称し、二十年頃までに、この機械製紡糸と手紡《しゅ》糸とが、洋式機械と拮抗《きっこう》したるものにして……

とその意義を高く伝えているのも、もっともなことである。

ところがこのとき、明治十年八月から、わが国最初の「第一回内国勧業博覧会」が東京上野で開かれることになった。これを知った辰致は奮い立ち、これに出品することを考え、

第一回内国勧業博覧会出品を願う

自費出品願（第一回内国勧業博覧会）

早速つぎのような同博覧会に対する綿紡機械の「自費出品願」を、長野県権令（当時筑摩県は長野県に合併されていた）を経て提出した。

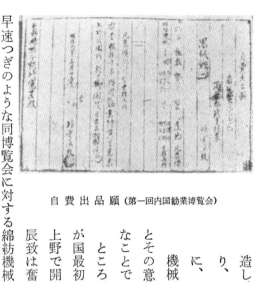

自費出品願

南第四大区三小区筑摩郡波多村農

臥雲辰致

器械館三

物名	概数	概尺量	製	産地	凡原価
綿紡機械	壱個	高四尺六寸 長五尺八寸 横二尺二寸	木	信濃国 筑摩郡 波多村	七拾五円

凡原価総計金七拾五円

右者《は》、明治十年内国勧業博覧会東京上野公園ニ於テ御開設ニ付出品相願候也。

明治九年十一月二十五日

右願人　臥雲辰致

長野県権令楢崎《ならさき》寛直殿

博覧会出品の器械試作

辰致は、博覧会出品の器械の試作をすすめるとともに、工場の建設を計画し、明治十年一月には北深志町に工場を設立して、はじめて水流の落差を動力に利用し、器械の運転をしてみた。その結果は上々、これまでわずか一本ずつしか紡《つむ》ぐことの出来なかった手紡車にくらべて、数機を連結して運転でき、一時に数十本も製造できたので、見物に集まった人々は、その精巧さに舌を巻いて驚いた。

器械の性能

「紡糸縷々《るる》として意の如く、運転亦極めて簡便自在なり。」とは当時の評言であるが、辰致が四月に長野県令にあてて上申したつぎのような「綿紡器械用法便明細書」をみると、そのころの器械は、十時間に打綿六百目を紡する性能のものであることがわかる。

綿紡器械用法便明細書

長野県管下信濃国筑摩郡南第四大区三小区波多村

臥雲辰致

一、器械壱個　但綿筒百本壱人持

此紡機十時間ニ付打綿六百目ヲ紡ス。

此糸五百八拾目　但七十二カナ半尺百拾丈ヲ一カセトス。

重サ六貫目ヲ押ス水力之力ヲ藉《か》リテ之ヲ使用ス。

右上申候。以上。

明治十年四月二十四日

右　臥雲辰致

長野県令楢崎寛直殿

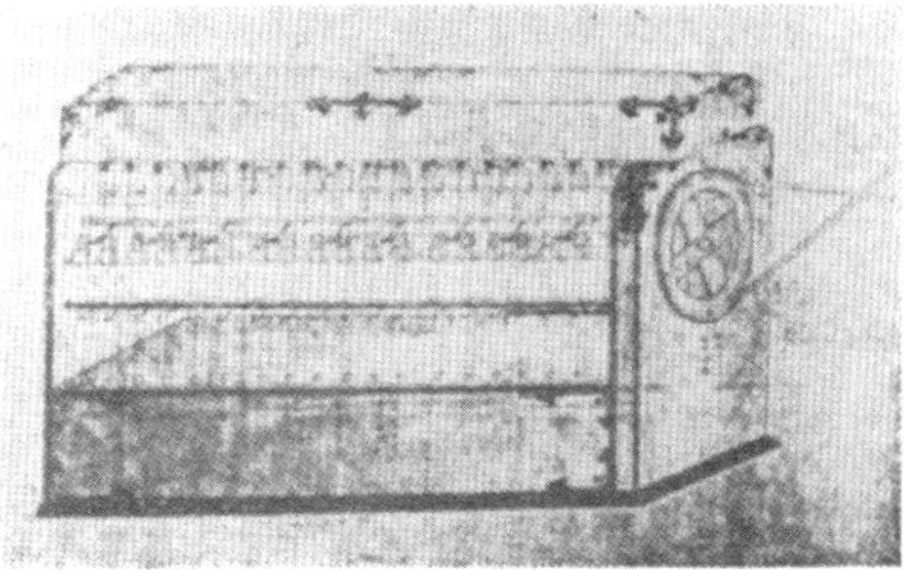

初期のガラ紡機

辰致は、この年六月、さらにこの器械に一部の改良を加えた。

辰致が、ガラ紡機を完成して、松本連綿社で水車運転を行った年、すなわち明治十年八月二十一日から同年十一月三十日まで、いよいよわが国最初の「第一回内国勧業博覧会」が、東京上野公園で開かれることになった。この博覧会の開催は、どのような意義をもったものであろうか。

博覧会開催の意図

前に述べたように、明治十年ごろ、綿糸の巨額の輸入が問題視されるようになって、政府の近代的紡績業育成政策はすこぶる活発となり、イギリス製紡績機械をもって模範官営工場を設立するとともに、同型の機械を民間へ無利子十年賦で払い下げることによって、官営工場と同等の民間工場の設立を促進した。そして工場を綿作地帯に定め、在来の綿業を基盤として近代化をはかったが、その動力を水車に求めたことによる能率のわるさ、国内綿の輸入紡績機械に対する不適合、綿作の不安定などの諸原因が重なった上に、大阪・東京にはるかに大規模で技術的水準の高い民間紡績工場が設立され、もっぱら輸入綿を原料として生産を開始したので、在来の綿業を基盤とした近代化という政府のくわだては失敗に終った。しかし政府は、民間産業の水準をひき上げる目的をもって、博覧会や共進会を開くことに着目した。第一回内国勧業博覧会も、このような意図をもって開かれたのである。

山梨県に出張

辰致を中心とする連綿社中では、紡機の博覧会出品について、着々準備をすすめるとともに、山梨県下に販路を求めて紡機工場を建設することになった。すなわち十年五月には、山梨県第十三区上今諏訪村（いまの中巨摩郡白根町上今諏訪）の招きに応じて、辰致みずから出張し、臥雲紡機製造について指導を行った。

協力者

当時の同志協力者は、波多村の武居《たけい》美佐雄・同村波多腰《はたこし》六左・安曇郡倭村《やまと》（いまの南安曇郡梓川村）青木橘次郎《きつじろう》の三人で、博覧会出品を契機《けいき》として、連綿社の組織を強化し、「同心協力、共に永遠の幸福をはかり、且つ以て国益の一端を為《な》さんと欲す。」の条約書をつくり、連署して盟約を固くしたのであった。協力者の武居美佐雄は、波多村の戸長《こちょう》、波多腰六左は同じ村の副戸長をつとめていた村の有識者であった。とくに六左は事業家肌の人で、これまでにも大きな事業を計画していた。すなわち、波多村は高台にあって、水の便がわるく水田が乏しかったので、六左が庄屋代役開拓係となったころ、彼は父祖の遺志をついで、梓川《あずさ》の水を引き、灌漑の便をはかろうとして、明治元年松本藩に陳情してその許しを得、工事に着手していたのであった。この事業は、その後村民の協力のもとに、私財二万三千余円を投じ、苦心の末明治十五年完成している。これは波田堰《はたせき》とよばれ、今も残って満々と水をたたえている(『信濃人物志』五九〇ページ)。

連綿社の事業

これらの協力者とともにとりきめた条約書は、連綿社の事業の内容を示しているので、つぎに記してみよう。

連綿社条約書

第一条

発明ノ事物ハ素《もと》ヨリ有形ノ物ヲ製造スル者ナレバ、初ヨリ確然不動ノ目撃見《み》据《すえ》難シ。然リ而シテ、今ニ於テ同心協力シ、共ニ永遠ノ幸福ヲ謀《はか》リ、且《かつ》以テ国益ノ一端ヲ為サント欲ス、即チ真ニ有志ノ集会ト謂《い》フベシ。然レバ以後会社ノ成敗《せいはい》ハ勿論、如何ノ事変有レ之モ、其我意《がい》ヲ以テ会社ニ関係スル事ナク、規則ヲ守リ、臨時ノ事件ハ万諸《ばんしょ》衆議討論ヲ遂《とげ》、迂遠《うえん》ノ挙動ヲ為サズ、且節倹ヲ守リ、都《すべ》テ実着ヲ踏ミ、協力和睦《わぼく》ヲ旨トシ、始終変異スル事ナク、相共ニ盛大隆興ヲ誓フベキ事。

第二条

太糸機械五個迅速《じんそく》整頓スベク、然ル上ハ発明人並《ならびに》社員ノ中一名ヲ撰挙シ、百般ノ事務ヲ管理シ、会計ヲ明細帳簿ヘ記載、集会ノ時々《じじ》必ズ衆員ニ熟覧セシムベキ事。

但、諸入費ハ、都テ判取帳及ビ出納帳等ヘ詳細記載シ、計算判然スルヲ要スベキ事。

利益の配分

第三条

太糸機械五個整頓ノ上ハ、毎月末ニ計算シ、其有益ハ発明人並《に》社員三名都合四名へ平等ニ割賦《わりふ》スベシ。尤《もっと》モ臥雲氏ハ発明ノ違巧《いこう》コレアレドモ、機械ノ運動今日ノ勢ヒニ至ル迄ハ、其経費金莫大ナリ。然レドモ都《すべ》テ之ヲ社員三名ニテ取賄《とりまかな》ヒ、此辛苦功労モ不レ少《すくなからず》、且今般東京内国勧業博覧会へ細糸機械出品ニ付テハ、其器製造ノ費額ハ勿論、臥雲氏並《に》機械運転ノ人夫等、博覧会会期限迄在京中ノ雑費往返ノ旅費ニ至ル迄一式、社員三名ニテ出額ヲ要スルヲ以テ、向後《こうご》一己《いっこ》ノ有益物ト御詮議《ごせんぎ》コレアリ、専売特許等ノ允許《いんきょ》ヲ受クルトモ、万般有益ノ部分ハ発明人社員ノ別ナク悉皆《しっかい》四名へ割賦シ、甲乙無レ之事。

第四条

漸次《ぜんじ》盛大ニ随ヒ機械ノ員数増加スル勿論ナリ。然レドモ、増加器械ノ経費出金致サザル名面《なづら》ハ、発明人ト雖モ其有益ヲ相受ル権利無レ之事。

第五条

太糸機械五個整頓ノ上ハ、一時之ヲ以テ業ヲ揚ゲ有益ヲ試ムベシ。而シテ発明人社員共夫々《それぞれ》課ヲ別チテ受持ヲ定メ、至当ノ月給ヲ附シ職務勉励スベシ。尤《もっとも》此費額モ有益金ノ内ヨリ課出スル勿論ナリ。

逐次細糸機械をつくる

但、太糸機械五個整頓之上ハ、逐次細糸機械製造可レ致事。

第六条

分社営業

分社営業依頼有レ之節ハ、製造所建築並《に》水車水輪掛ケ等ノ費額ニ至ル迄、悉《ことごとく》依頼人ニ於テコレヲ持、本社ニ於テハ機械ノ定価半額ヲ出シ、残半額ハ分社ニ於テ出幣《しゅつぺい》シ、而テ有益ノ総括《そうかつ》ヲ半々ニ割、本分社甲乙ナク可二受取一事。

但、機械ノ定価一個ニ付太細共概略金七拾五円ノ事。附、分社営業依頼有レ之節ハ尚協議ヲ為シ、不都合無レ之様取定候ハ勿論、分社ニ於テ自儘《じまま》ノ取《とり》計《はからい》難二出来一規則ヲ編シ、之ニ捺印為レ致《いたさせ》本社ニ預リ置可レ申事。

第七条

臨時旅行ノ事務アルトキハ、衆議ヲ以テ其人ヲ撰択シ、相当ノ日当《につとう》ヲ相渡スベキ事。

第八条

社員若シ機械ノ成敗ヲ見テ中途ニ脱社スル者ハ、夫《それ》迄多少出幣シタル金額受取ベキ権益之ナキ事。

第九条

社員若シ不都合ノ儀有レ之トキハ、其人ヲ脱社シ、其件ノ軽重ニヨリ以後有益ノ割賦不レ与ハ勿論、出幣シタル器械上ノ諸入費受取ベキ権利無レ之。尤モ軽重ノ度ハ社員討議ノ上正理ヲ尽シ、相当ノ処置ヲナスベキ事。

右之条々衆議討論ヲ尽シ、決定候儀異日毫《ごう》モ違背ノ挙動致間《すま》敷《じく》、若不都合ノ

事件有レ之節ハ、第九条ノ件ニ照準シ取計フトモ聊《いささか》云々《うんぬん》申間敷候。為ニ後鑑《こうかんの》一
連署シテ銘々之レヲ所持スル者也。

明治十年九月九日

南第九大区七小区安曇郡烏川村
当時南第四大区三小区筑摩郡波多村逗留

臥　雲　辰　致

南第四大区三小区筑摩郡波多村

武　居　美　佐　雄

この条約書にみるように、太糸器械完成の上は、細糸器械の製造をめざし、また専売特許法の実施を見越し、特許を受けた後の利益配分の原則をも定め、後日の紛糾《ふんきゅう》を戒めているが、こうして、博覧会出品について、その器械製造の費用はもちろん、臥雲ならびに器械運転の人夫など在京中の雑費、往返の旅費などはす

べて三名の共同負担とし、東京上野桜木町の寛永寺々中大慈院台所の間《ま》を宿所にあてて、器械の組立その他の準備を行ったのである。

二　第一回内国勧業博覧会に出品

第一回内国勧業博覧会開場

朝野の期待を集めて開催された第一回内国勧業博覧会は、その構想・施設などはすべてウィーン万国博覧会を模範とし、東京はじめ全国の人気をあつめて、空前のにぎわいを呈した。明治十年八月二十一日開場、十一月三十日閉場、会場面積は二九、八〇七坪、その経費総額一二三、四一〇円、この会期一〇二日間の来観者は、四五四、一六八人であった。開場式の当日は、前日の夕方から降り続いた雨もはれて、朝日が雲間から冷風をのせて会場上野の森に輝いた。この日、明治天皇は皇后陛下と共に会場にお出ましになり、内務卿の大久保利通は総裁として奏上文を朗読、その他三条（実美）・岩倉（具視）・伊藤（博文）・寺島（宗則）の諸星《しょせい》いずれも大礼服で参列し、これまでにない盛観であった。

新聞紙の報ずるところによれば、当日博覧会の見物人の「押し合ひ押し合ひ、われ先にと入場する様は、さながら官軍の賊梁《ぞくりょう》に押し寄するもかくばかりかと思はれ」るほどであって、遠く各地から見物に上京する者も少なくなかった。

紡織部門の出品

あらゆる新工夫、あらゆる新意匠《いしょう》の製品が全国各地から続々と出品され、その出品総点数は二一一、そのうち紡織部門の出品が最も多く六三点で、全体の約三割を占めた。このように「紡織機器」が多数出品されたのは、わが国の原生的器械の発達を如実に示し、「博覧会報告書」に、「人情時勢の然らしむるところといえども、またその幾分を政府勧業の効に帰せざるべからざるなり。」と述べているのは当っている。

この時、遠く信州から運ばれ、大慈院の台所で組立新装をととのえた臥雲のガラ紡機は、会場の一室に据え付けられて、はじめて天下の視聴を浴びたのであるが、この時の『綿紡器械用法便明細書』と、前年に提出した「自費出品願」によると、出品したガラ紡機は、高さ四尺六寸、長さ五尺八寸、横二尺二寸の木製機で、製作原価七十五円、その性能は、綿筒百本付一人持で十時間に打綿六百目を紡《ぼう》し、この糸量五百八十目、重さ六貫目を押す水力をかりて運転することになっていた。

出品器械の構造

『明治十年内国勧業博覧会出品解説』によって、さらにこの器械の構造を説明すると、両側には四十箇の綿筒をならべ、

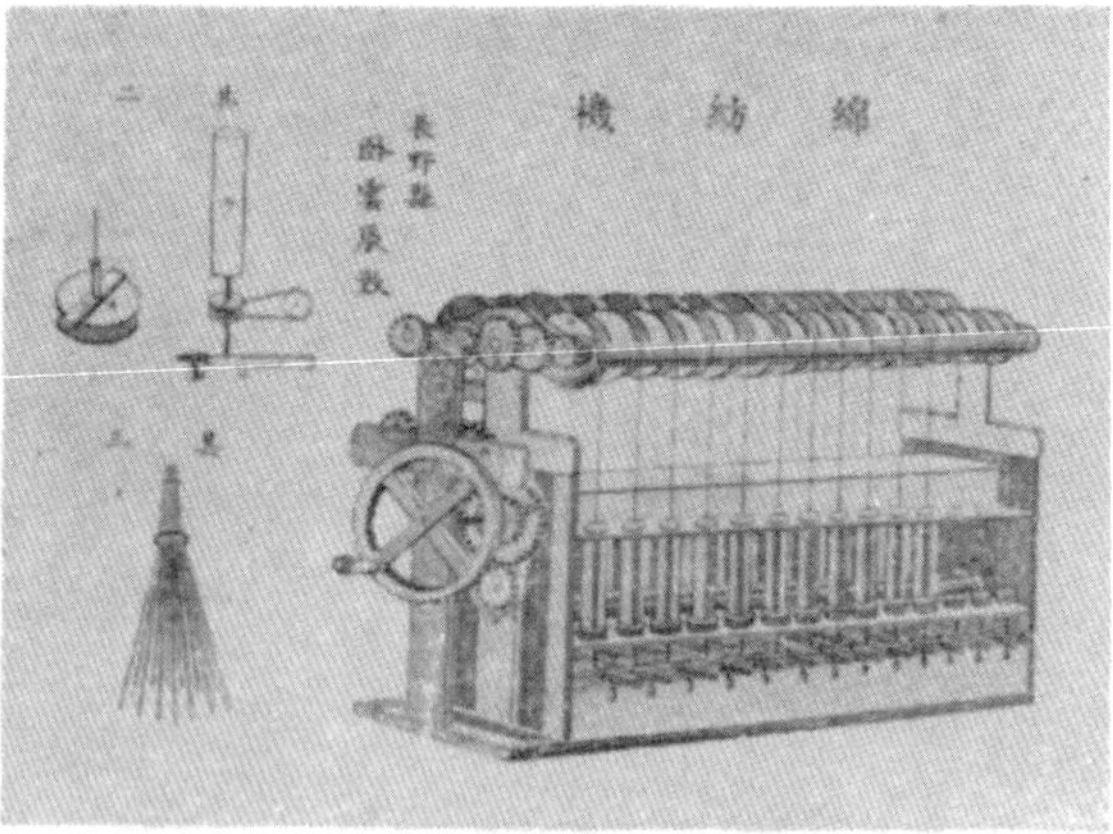

ガラ紡機とその要部（『明治十年内国勧業博覧会出品解説』）

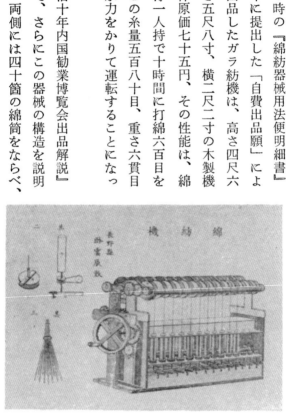

その上にそれぞれ四十箇の糸巻をとりつけてある（工場のものは、一機に百箇の綿筒をとりつけてある）。この綿筒はブリキ製で、さしわたし一寸五分、長さ七寸、厚い木片を底につけ、滑車によって廻転してある。綿筒の下におもりをとりつけ、糸の抽《ちゆう》糸《し》を加減するしくみになっている。

糸巻は松材を輪切りにし、両面に円板を貼りつけたもので、さしわたし四寸五分、滑車によって綿筒と連結して運転することになっているので、綿筒内の綿が抽出されるにしたがって、自然と紡《つむ》がれ、糸巻に巻かれていく。この時紡度がかたすぎると、糸はひきつられて下の綿筒までひき上げ、その間回転を止めるようにしてあり、しばらくして綿筒は落下してまた回転をはじめる。このようにして、紡度は自然に調節されていく。

器械の操作については、糸が切れた時は、糸のはしをひっぱって綿の上にはりつければよく、綿を綿筒にとりつけるには、綿のかたまりをおよそ十五匁程巻き、竹のささらの間にはさんで綿筒の中に入れ、竹のささらを抜きとればよい。糸のはしが細すぎたり太すぎたり、糸がよく切れたりするのは、綿の綿筒への入れ方によるのであって、この器械のとり扱い上最も注意すべき点である。臥雲はこのように「出品解説」の中で説明している。

近代的機械としての性格

この器械の構造について注目すべきことは、これまでの綿紡車が、紡錘具《ぼうすいぐ》と糸巻具とを同時に一定の速度で回転させることが不可能であった限界を打破して、紡錘作業と捲糸《まきいと》作業とを機械的に連結させたことであって、これは、ともかく西欧のリング紡績機と同一の原理に立つ器械であって、この点については、近代的機械としての性格をみせているものであるということができる。

鳳紋賞牌を受ける

この博覧会に出品した紡機は、四機あり、長野県の臥雲辰致・斎藤曾右衛門・竜口重内、堺県の外《と》ノ岡《おか》久馬のものがそれであったが、辰致の器械を除いて他は改良の余地が多く、審査の結果博覧会最高の栄誉である鳳紋《ほうもん》賞牌が、燦《さん》として臥

ワグネルの讃辞

雲辰致の上に輝いたのである。

この博覧会顧問であるドイツ人学士ゴッドフレッド＝ワグネルは、その報告書の中でガラ紡機に讃辞を呈し、「臥雲の機は、余以て本会第一の好発明となす。そもそも氏の始めて此機を案出せるより以来、数年を経て屢々改良し、終《つい》に此実効を奏するに至れり。」とし、「この装置の特色は、綿を綿筒につめて回転させ、糸巻の引力によって自然に糸緒《しちょ》を抽出するにある。この会に出品された綿紡の機械をみると、そのほとんどが糸緒を引き出すためのしかけを別に設けていて、この臥雲機のような綿筒の装置をみない。臥雲機は細糸をつくるには堪えないが、その数回の工程を省くしかけの能力は、一時欧米の機械に匹敵できるといっても過言《かごん》でないと思う。歯車の配置がやや少なく速度はおそいようであるが、その緊要の装備は極めて簡単なものといえる。」と述べて、その鳳紋の賞牌を受ける価値のあることを賞讃している（『明治十年内国勧業博覧会報告書』）。

博覧会で好評

辰致の出品したガラ紡機は、会場内でにわかに多くの人々の注目をひいた。前に述べたように、当時わが国内には、洋式紡績工場といえば島津家の経営する鹿児島・堺の二工場と、東京に鹿島万平が設立した滝野川の工場しかなく、政府が直接イギリスから機械を購入して建設しようとしていた模範工場の計画は、まだ実現していなかった。創業予定の洋式紡績工場を入れても、二府五県七工場の産額概算が、輸入綿糸のわずか三割にすぎなかったほどであるから、海外からの綿糸布流入に対抗することは、とうていできなかった。それ故当座の間に合い、多くの人々に利用されるものとしては、費用が大してかからず、また手軽に操作のできる簡単な機械が要求された。この要求に応じたものが、ガラ紡機で、まだ不十分なところはあったにしても、博覧会において大いに好評を得ることになったのである。

会場では、この臥雲機の購入予約が数十台に及んだが、これは他の器械ではなかったことで、辰致がどのように感激したかを想像することができる。この博覧会をみにきた鈴木よねは、臥雲紡機を一手につくる便宜を権利として買おうと申し出たが、辰致はきかなかったという。

ワグネル

ここで、当時日本の産業界に大きな指導的役割を果したドイツ人ワグネルについて述べなくてはならない。この日本最初に開かれた第一回内国勧業博覧会で、大分な報告書を書いて各産業の批判を行ったワグネルは、当時博覧会の顧問として、近代化の途上にある日本の産業全般を指導した人である。彼は、本来数学・化学者で、ゲッチンゲン大学を卒業して、パリー・スイスなどで研究や教鞭をとったが、友人の斡旋で明治元年（一八六八）来朝、のち政府の御雇となり、博覧会・共進会事業の顧問となった。ワグネルは機械の導入についてつぎのように説き、資本主義的大工場生産の必要を進言している。

機械の導入についての進言

日本の工業のうちで、だんだん機械を使用するようになったのは紡績機械である。一人の女の手でするときは、ただ一つの紡錘《つむ》をまわすだけだが、機械を使えば一人の女が千以上の紡錘を支配することができよう。これほど大きな相違はほかの工業ではみられないことである。この理由で、どの国でも紡績機械はいちばん早く普及した。今日ではもはや諸方に普及している。日本でも紡績設備は、はじめからできるだけ大きくした方が有利である。

（『外国人のみた日本』3、大久保利謙編）

このような指導によって、資本主義的大工業生産を志向した日本の紡績業界ではあるが、そこにいたる間隙をうめる役目をガラ紡が果したのである。

三　連綿社の組織を改め、経営活況

このようにして、第一回内国勧業博覧会に出品して世人の注目をひき、鳳紋賞牌を受けることによって、臥雲紡機の声価は一時に上り、それは急速に東京に伝わり、府下の各区のいたるところにこの器械をみるようになった。

連綿社の支店

そこで連綿社では、東京府下神田連雀町（いま東京都千代田区神田須田町）の岡田金蔵方へ東京支店を設けて、東京をはじめ各府県の業者からの註文に応じ、紡機五百八十五台を製造販売した。

ついで静岡県下駿河国沖津（いま静岡県清水市）、石川県下越中国富山（いま富山県富山市）などへも支店を設けて販路をひらき、わずか二－三年の間にガラ紡は全国へ普及するようになった。第一回内国勧業博覧会ののち、明治十三年二月大阪において開かれた「綿糖共進会」の報告書をみると、つぎのようにその普及状態がうかがわれる。

ガラ紡機の普及状況

紡綿機の改良も、また近来一般の着眼するところなり。（中略）然れども、そのよく実用に適して普《あまね》く天下に行わるゝもの少し。独り長野県の臥雲辰致氏が発明せる機械は、その最も有効のものとす。同氏がさきに十年の博覧会に出品してより、漸く遠近にしられ、したがつて需要の新路を開けり。このごろ一綿商の説によれば、今や此器を設置して専ら営業するものを算し来れば、東京府下のみにて、少くとも一五〇ヶ所を下らずと。而してその間、あるいは盛衰興廃のあるにかゝはらず、一般の大勢上より観察すれば、加ふるありて減ずることなく、進むありて退くことなしといふ。又かの大工職人、材木屋、鉄葉屋《ぶりきや》の如き、此器によりて生活するものもまた少からず。その公益たる、偉なりといふべし。況んや地方に行はるゝをや。

こうして、関西では堺に五名、岸和田に十名、河内・泉州（ともに大阪府）地方に数十名の経営者が輩出し（『綿糖共進会報告書』）、愛知県額田郡においては、早くも二十五戸の工場経営者を数えるに至った（農商務省刊『三河水車紡績業に関する調査』）。

連綿社の改組

第一回内国勧業博覧会ののち、しばらくの間、連綿社の経営は、時代の波に乗って活況を呈した。そこで連綿社は明治十二年一月、その組織を改めて更にこれを強化し、頭取に波多腰《はたこし》六左、副頭取に武居《たけい》正彦、会計係神田弥吾造、機械製作掛臥雲辰致、製糸掛石田周造の各部署を定め、器械の製作と製糸の事業の拡充をはかり、証言・社則・社則付録などの規約を定めて再出発をしたのであるが、つぎに掲げる連綿社証言は、この事業の性格をよく表わしている。すなわち、

維新以来、世の中が大いに開け、工業もまたさかんになって、日進月歩の勢を示しているが、それらが師を西洋にやとい、教を西洋にうけているのは慨《なげ》かわしいことである。しかし、わが開産紡糸連綿社はそうではない。臥雲辰致なる者は、天賦《てんぷ》の才力をはたらかせ、寝食を忘れて研究した結果、幾年かして、思兼《おもいかね》の神のめぐみにより、発明を完成した。先年、内国博覧会の盛典にあい、出品したところ、天皇陛下も行幸されて御手を触れられ、鳳紋賞牌をたまわった。これはわが社の栄誉だけでなく、実に全国の光栄であるといえる。このため諸地方から、分社あるいは器械の購入を希望する者、何千何万を数えるにいたったことは、まことに愉快なことである。このように何の

事業でも、精神がこもっていればできないことはない。これからも努力して、世間のあらゆる改良のための針路となろう。

というので、西洋の技術に頼らず、独力で新しい器械を発明したことを誇りとし、これを更に進めていこうという考えを明らかにし、「精神一到何事か成らざらん」の意気を示しているが、こうした連綿社の性格は、当時のナショナリズムのあらわれであり、また臥雲紡機改良の限界を示しているものと考えられる。

連綿社の性格

第一回内国勧業博覧会に出品のため、辰致が東京に寓居中のことであるが、ある外国人が臥雲紡機の歯車がはなはだ粗雑であるのをみて、欧米の歯車製造の方法を教えようとしたところ、辰致はこれをきかず、「自分は洋式の方法を学ぼうとは思わない。自分の考えで結構だ。」といったというが、これに対してワグネルは、「この言は頗る頑強であるが、自奮の気概をみることができる。」とのべている(前掲『博覧会報告書』)。これによって辰致の気質をうかがうことができる。

山梨県へ出張

定約書

辰致の技術を中心とする連綿社の事業は活況を呈し、明治十一年五月には山梨県巨摩郡第十四区大井村（いまの中巨摩郡甲西町）・同郡第十五区増穂村（いまの南巨摩郡増穂町）の有志七名の招きによって出張し、臥雲機の製造販売について指導を行っている。

この年五月の『定約書』をみると、

定約書

一、今般臥雲先生発明之綿糸器械、決議之上、当国巨摩郡大井村田中旧富所持水車宅ニ於テ、製造売却致ニ付、連中定約左ノ通リ。

一、器械一挺代価七拾五円也

但百ロ之事

一、器械買主ヨリ定約之節一挺ニ付手合金廿五円可二受取一事。

一、器械売主之儀者、田中旧富・秋山源重・秋山喜太朗外連中ハ加印可レ致事。尤売主雖レ及二加印一モ都《すべ》テ同断之事。

一、仲間之内器械贋造《がんぞう》致シ候者有レ之候ハバ、一挺ニ付金五拾円贖金《しょくきん》、連中へ差出ベキノ事。

一、器械一挺ニ付金廿五円宛臥雲辰致殿へ給料トシテ可二相渡一事。

但五拾挺以下廿五円也、五拾挺以上ハ廿円之事。

一、諸入費引去残金連中へ無二甲乙一分配之事。

前書之条々確議之上取極候処相違無レ之候。万一壹ケ条成共相背《そむき》候ニ於テハ、違約証トシテ書載之出金、連中へ可二差出一候。為レ念定約書へ調印候所、依而《よって》如レ件。

明治十一年五月

山梨県第十四区大井村

田中旧富

杉山孝左衛門

杉山庄作
同十五区増穂村
長沢清明
秋山弥右衛門
秋山喜太朗
志村六右衛門

長野県筑摩郡波多村
臥雲辰致殿
松沢源重殿

のように、器械の代価一挺金七十五円（但百口）、器械一挺について金二十五円ずつを臥雲へ給料として仕払うことを定めている。やがて七月には、この事業は松本連綿社の支社として発展し、大井村に支社が設立されることになった。

山梨県に支社

この年、明治十一年五月、明治天皇は北陸・東海地方などを巡幸され、教育・産業その他一般の民情を御視察になったが、辰致の新しく改良を加えたガラ紡機は長野天覧所に出品され、天皇の御目に止った。辰致は光栄に感じて奮い立ち、さらに発明に闘志を燃やした。

石川県へ出張

連綿社は、十月には石川県上新川郡富山千石町(いまの富山市)に連綿社の支社を設け、綿紡細糸器械五十口取十八個を、代価六百三十円で販売し、辰致が自ら据え付け指導に当り、糸挽《いとひき》女工一人を本社から差し向けて、紡糸の技術を伝授している。この器械の能力は、「定約証書」によると、一人一日十時間就業し、器械百口を受けもって一日の製糸高五百目の綿糸をつくることになっていた。

この年、波多村の豪農川澄藤左は、辰致の人物を見込んで、辰致を養子とし、娘の多けとみあわすことを所望した。藤左は、さきに明治九年連綿社設立の際大工百瀬与市の証人となった人である。多けは藤左の長女で、川澄家には多けの下に女四人、末子に長男が生まれていた。この地方では、上層の家が、男子があっても娘に分家の形式で養子をとり縁組する風があった。

しかし辰致は、「養子はいやだ。嫁にもらうならいい」といって多けをめとり、臥雲姓を名乗って川澄家に仮寓し、土蔵の中で種々な考案にふけった。丸のこを打たせ、水車を利用して実験したこともあった。こうしている中、十一年十二月長子俊造が生まれ、翌十二年には、辰致は養子である弟の納次郎をはじめ、一家をあげて筑摩郡北深志町の開産社内へ移っていった。

川澄藤左

石川県に設けられた連綿支社では、この年七月、器械の製造販売を行ったが、この時の利益配分の条件は、百分の二を本社へ、三分の一を発明料として辰致へ納めることになっていた。しかしその利益配分も、辰致にとってそう大きな恩恵とはならなかった。それは模造品がつぎつぎにあらわれたからである。

四　模造品の続出に苦しむ

辰致は、二年後の明治十三年にはまた新しい考案に成功し、紡機墜子《ついし》の装置を換えてこれを綿筒の上に移し、絡木《からめき》の輪のあたりに繊線《せんせん》をつけることを発明した

辰致の考案に眈った土蔵

ので、これから糸質が強く、粗細大小を思うように織って、たて糸とすることができるようになった。

明治天皇信濃路へ

この年六月、明治天皇は再び信濃路に入られ、塩尻峠を通り、馬車で桔梗《ききょう》ヶ原を過ぎて松本の行在所《あんざいしょ》に着かれた。六月二十五日、辰致の発明したガラ紡機は、重ねて天皇の御目にとまったのである。この時のガラ紡機は、改修した紡機とともに、新しく考案した織機を併せて出品している。この時の有様は、『松本市史』につぎのように伝えている。

開智学校へ御臨御、校の職員等内側にて迎え奉る。県令の御先導にて玄関より入らせ給ひ、北の壁に近く南面して椅子に入らせ給ふ。後に金屏風を立てめぐらせり。やがて校内に陳列せる物産書画、古器物等御覧あらせらる。就《なかん》中《ずく》渡辺・柴田二人が発明せる数反同時に織り出すことを得る機器、多湖・手塚・尼子等が機器、臥雲辰致の発明せる機器には殊に御目をとどめさせられ、

（以下略す）

辰致はこの光栄に感激し、いっそう努力して紡機の改良に工夫をこらした。やがてその完全とも思えるものをつくり上げて、翌明治十四年の第二回内国勧業博覧会に出品することとなるのである。

佐野常民工場巡視

この時天皇に従ってきた太政大臣三条実美、大蔵卿の佐野常民《さのつねたみ》らの大官は、連綿社の工場を巡視し、辰致を励ました。県民はこれを光栄に思い、連綿社の声価はとみにあがった。そしてこれをきっかけとして、ガラ紡機は年とともに日本全国にひろがっていった。

このように、ガラ紡機は各地においてひろく使用されたので、この発明者としての辰致は、大いに利益を得たであろうと想像されるが、しかし事実はその反対で、報いられることは少なく、生活は悲惨なものであった。

当時はまだ専売特許の制度が確立されていず、明治九年三月太政官布告第一〇五号の布告の中に、「向後諸物品新発明致候者有レ之候ハバ、其管轄地方官ニテ発明品及其工夫ノ手続等、詳細取調書ヲ以テ工部省ヘ可二届出一事」という規定があっただけで、別段とくに発明者の利益を保護するということはなかった。だから辰致の発明も、単に届け出て許可を得たに過ぎない。紡機の構造が簡単なため、

模造品続出

誰でもたやすくこれを模倣してつくることができ、模造品が各地に続出して彼の得るところは極めて少なかった。すなわち、註文する人も多くて百口の紡績機、少ないのは三十口の紡績機を購入するに過ぎず、その人たちも実は紡糸のためでなく、買い求めた器械について一―二のしくみをかえて模造し、他に販売して一時の利を得ようとするのであった。そしてこれらの中には、自分の発明した器械と偽って誇大の広告をする者さえ現われた。また紡糸営業の目的があっても、肝要の紡績伝授を受ける日子《にっし》を惜しみ、未熟のまま事業を始めるので、その実績が上らず、臥雲機の声価を落すものもあった。このため、ガラ紡機が一応普及する

と、これを峠として、連綿社は事業そのものがさかんになりながら、収支が償《つぐな》わず、しだいに経営不振となっていった。

事業についての経営上の苦悩は深刻なものがあったが、辰致はかえってこれを喜び、競争は進化の基であるとして、さらに器械を改善し、理想の器械を発明しようとして考案を重ねた（『明治忠孝節義伝』第一集）。こうした、模造も有用ならばよいと考えたところに、彼の無慾の一端が知れる。

このようにして、紡機はつぎつぎに改良されて精良の度を加えていったが、連綿社の経営はしだいにいきづまって、ついには各地の支社を閉鎖し、営業の規模を縮少しなくてはならなくなった。特許の保護をもたない辰致の経済的苦悩は、こうしてはなはだしい状態をつづけていた。

明治十三年七月、連綿社は東京支社を閉鎖してひきあげ、以後は、小口器械の販売をやめて、一器械千口以上でなくては販売しないことにした。

連綿社解散

このように連綿社の経営が困難になってくると、共同出資者である連綿社の中に、紛糾も生じてきた。発明者としての辰致の困惑と苦心も大きかったが、事態は好転することなく、連綿社は、十三年十二月には事実上解散して、その縮小した事業は辰致個人の経営として、細々と営むことになった。

五　ガラ紡機三河に入る

このように辰致の努力が報いられず、不遇の生活を送る間に、ガラ紡機は愛知県に移入され、水車紡績・舟紡績として花を開いていったことは、その後の辰致の発明生活に少なからぬ意義をもつことになった。ガラ紡機が愛知県、それも三河に移入されたのは、つぎのような道筋をたどっていったようである。それは、第一回内国勧業博覧会の開催中に上京した三河の木綿問屋糟谷《かすや》縫右衛門《ぬいえもん》の番頭が、会場内で人気を集めている臥雲機に目を止め、帰国して吹聴《ふいちょう》したのに始まったと

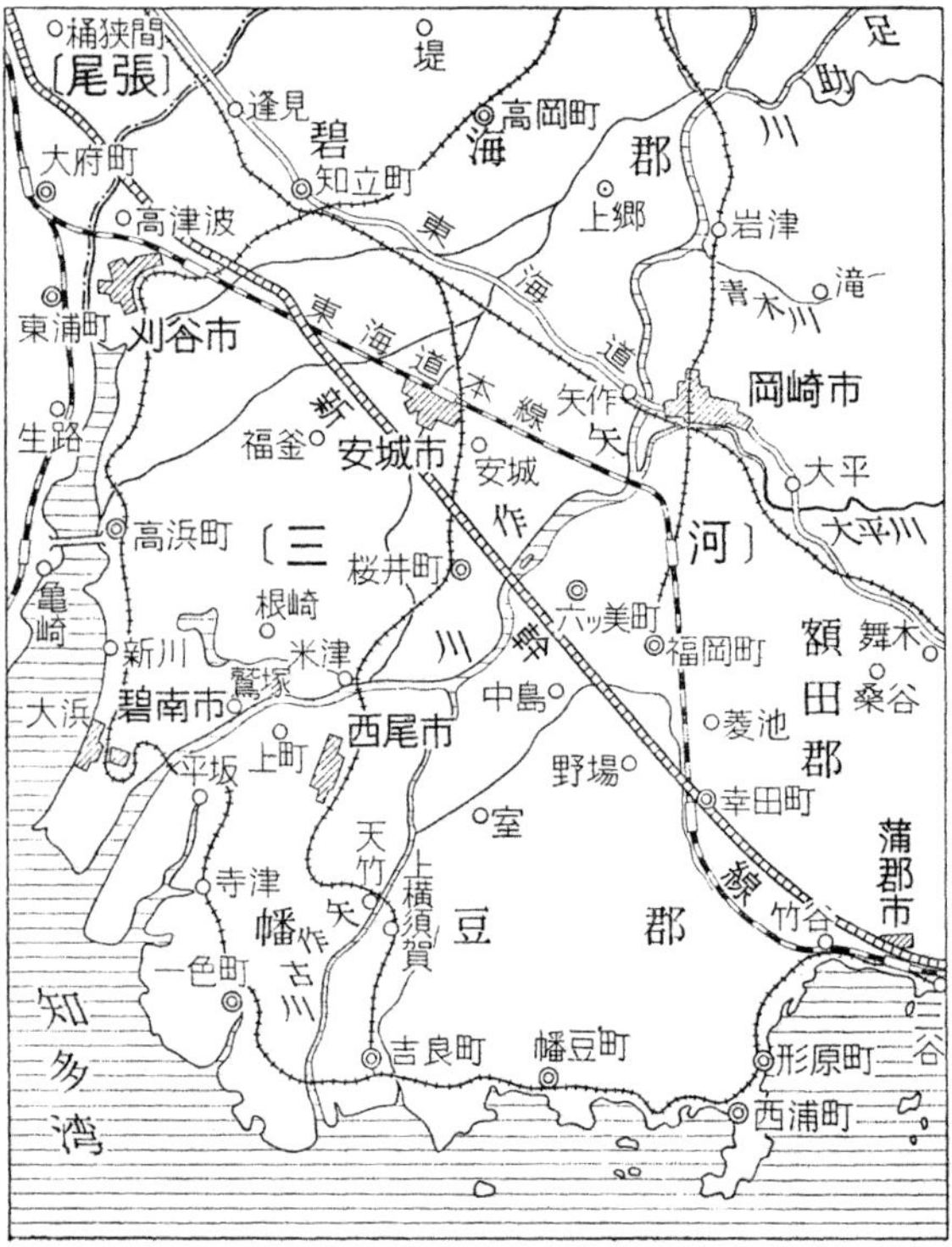

西三河地方図（昭和40年頃）

いわれ、また東京の木綿問屋から、岡崎の買継店へ購入のすすめがあってはじめて移入されたとも伝えられている。

三河木綿

このように、ガラ紡機がまず三河に移入されたのには理由がある。三河は元来木綿の国であり、延暦十八年（七九九）天竺《てんじく》渡来の綿種が、わが国にはじめて伝えられたのは、この三河の国幡豆《はず》郡福地村天竹の地であったと伝えられている。この綿はその後絶え、室町時代になって渡来した綿種も、比較的早くこの国へひろがったらしく、奈良興福寺大乗院旧蔵の記録『永正年中記』の永正七年（一五一〇）の条には、すでに三河木綿の文字が記録されている。

江戸時代になると、三河が摂津（兵庫県・大阪府）・河内（大阪府）とともに、有力な綿産地であったことはひろく知られていることであるが、正保・慶安のころ（一六四八ころ）木綿はすでに商品として売り出されていた。いまの愛知県知立《ちりゅう》市（市制施行は昭和四五年）、そのころの池《ち》鯉《り》鮒宿《うしゆく》では、見本木綿として店にならべられて、往来の旅人に売っただけでなく、市を設けて販売していた。三河木綿の名を得たのはこのころのことであり、俳人芭蕉がこの盛況をみて詠《よ》んだと伝えられる「常に立つ木綿の市や池鯉鮒宿」の句は有名である。

林孫右衛門

このころ、碧海郡矢作《やはぎ》村（いま岡崎市）に林孫右衛門という人があり、伊勢北畠家の浪士川喜田九太夫と協同して、三河地方に産する木綿を一手に買占めてこれを江戸に売りさばき、九太夫は店舗《てんぽ》を江戸大伝馬町に開いて販売にしたがった。この木綿はもっともやわらかく、しかも丈夫であったからしだいに好評を得て、東海道および東山道にその販路をひろめ、いっぽう孫右衛門は郷里におって農家からの買い占めに従い、その上その織り立てをすすめたので、額田郡・幡豆郡地方からもさかんに生産されるようになり、いよいよひろく三河木綿の名をあげるようになった。

木綿問屋

その後寛文年間（一六六一ころ）になって、江戸および矢作宿に木綿問屋を設け、株仲間をつくって仲買人の問屋以外に販売することを防いだ。岡崎にも買継問屋ができ、仲買が岡崎をはじめ付近から買い集めた木綿をとりまとめ、江戸方面へさかんに積み出した。積み出しは、三河湾にのぞむ大浜・平坂の港が多く利用され、江戸ではこれを扱う店が繁昌し、白子組・大伝馬組・二番組の組織ができ、産地の買継問屋と呼応して活発な取引を行った。

このように、幕末から明治初年にかけて、農家では綿を栽培していたのであるが、いったい三河の綿の生産高はどれほどあったであろうか。明治九年から同十五年までの生産高を示すと、表の通りである。農家では、とれた綿を糸に紡《つむ》ぎ、さらに織り立て、三河木綿の名は広く天下に知られていた。

明治政府は、外国よりの綿製品の輸入を阻

(第3表) 三河における綿の生産高(明治9～15)

年度	生産高(千円)
明治 9	7,587
10	9,296
11	7,987
12	8,959
13	6,758
14	6,535
15	6,177

(『愛知県史』大正3年版下巻)

止するため、国内の適地に綿作地を指定したが、三河では、碧海郡大浜村、幡豆郡寺津村・下久田村・西尾村、額田郡大門村・久後崎村・日名村・岡崎駅などの村がえらばれているのをみても、この地方では、当時でもいかに綿作がさかんであったかが分る。このような伝統のある地方へ、ガラ紡機がいち早く移入し、やがてそれが巨大な根を張るようになったことは、偶然ではなかったのである。

ガラ紡機が移入される前の紡糸工程は、ブイブイ車とよばれる手紡車《しゅぼう》によって行われたことは、この地方も例外ではなく、女一人が紡ぎ得る糸は、ようやく四〇－五〇匁と伝えられ、

糸もはよ出よ車もまわれ、たまれつものき夜がふけて
せいでおつぎよ七つも八つも、つがねばこの機織《はた》れやせん
つがにやなるまい五十目のよりこ、明日は五反の縦上げに

などと歌われていた。

初期のガラ紡機の能率

この時移入された初期のガラ紡機の能率は、とにかく手廻しかあるいは足踏みで、一台で三十錘《すい》を運転できる程度であったといわれ(三河紡績同業組合編『三河紡績糸』)、一錘の綿筒に十匁の綿を限度とした明治十年代のはじめには、三十錘を運転するとすると、一台の器械で三百匁の製紡ができた。また『工務局日報』には、錘数五十本立のもので、一日に六百五十匁の製紡ができるとも記している。多少のちがいはあるが、とにかく一本ずつ紡いでいた手紡車にくらべると格段の進歩であり、臥雲紡機の果す役割はきわめて大きかったのである。

このようにして、ちょうど海綿が水を吸うように、明治十年代の綿業の盛んな農村地帯へ、ガラ紡機が浸透していったのは自然の勢いであった。

六　臥雲機による舟紡績が発達

明治十年、第一回内国勧業博覧会の見物から帰った三河の豪農糟谷縫右衛門の

鈴木六三郎

番頭から、ガラ紡機が精巧で、これによる製紡事業の有利なことを聞かされ、はげしく心を動かした者の中に、幡豆郡横須賀村の人で鈴木六三郎があった。彼は、ガラ紡機を購入する決心を固めたが、それには、直接その発明者である臥雲辰致を訪ね、したしく器械の扱い方を学ぶことが有効であると考えた。考えがまとまると、彼はただちに旅装をととのえ、単身、飯田街道から天竜川畔をさかのぼって信州路を進み、松本開産社の辰致を訪れた。

自分の発明したガラ紡機について学ぼうという、三河からの遠来の客を迎えて、辰致の喜びも大きかった。辰致は念を入れて指導し、六三郎も熱心にその指導を受けて、四十日の後辰致の家を辞した。

矢作川の舟に水車を仕掛ける

帰国した六三郎は、郷土の人々と協力して、足踏式の器械を水車にとりつけて動かそうとした。はじめに横須賀村(いまの吉良町)津平観音の滝を動力に利用しようとしたがうまくいかなかった。つぎに、矢作《やはぎ》川の水上に舟を浮かべ、船の両側に外輪船のように水車を仕掛け、自然に流れる水流の力で水車を廻転させようとはかった。

この時利用した舟は、長さ十三間、幅一間半の老廃船で、時に明治十一年秋、彼の計画は見事に成功した。この噂《うわさ》は、たちまちその周辺にひろまり、水上に浮かぶこの奇妙な工場を見物に来る人も少なくなかった。矢作川の本流に沿った同郡平坂村の稲垣小一郎は、中畑の中西伊之助に資本を貸して創業をはかり、翌十二年の秋には、矢作川の渡船場の近くに

舟　紡　績

大型の紡績舟を浮かべて仕事をはじめるようになった。

矢作川は、江戸時代に、

五万石でも岡崎様は、お城下まで舟がつく

とうたわれたように、たくさんの舟が白い帆に風をはらませて上下していた。江戸時代も末のころになると、上流から流れてくる土砂のために浅くなり、下流の鷲塚港などは用をなさなくなっていった程であるから、このあたりでは、老廃して役に立たなくなった舟を探すことは、さして困難ではなかった。だから鷲塚と対岸の中畑付近の川筋には、二艘・三艘とこの舟を利用したガラ紡工場が増加していった。

舟を利用したガラ紡工場

小一郎につづいて、稲垣広吉・中根新吉両名の舟が、翌十三年には、神谷定四郎・中根利吉・稲垣新次郎の舟が、十四年のはじめには、杉浦本作・杉浦喜代蔵の舟が浮かび、ガラガラと快適な音を矢作川の水面にひびかせていた。こうした舟紡績の成功によって、手廻し・足踏みによる紡糸方法は、しだいに廃止されていった。

中畑の舟工場は、その後しだいに増加して、明治十五年には四十六艘に達し、対岸の鷲塚方面にも十三年に始まり、十五年には一五－一六艘、米津方面にも四－五艘あらわれた。これらの舟は、矢作川の舟運に用いられた老廃船で、大きなものはおよそ五十石積（長さ一三間、幅三間）程で、舟の両側に外輪のように水車を設置し、流水で廻転させ、これにガラ紡機を連動させたものであって、当時は製綿工程を陸上で行い、紡機だけを船の中に設備していた。

このようにして、舟紡績は年と共に増加したが、たまたま明治十五年八月大洪水があり、船を流失する者が続出し、矢作古川で舟紡績を最初に始めた鈴木六三郎も、これを機会に舟紡績をやめて陸に上り、他の地に移住する者も出て、矢作古川の舟紡績は、しだいに衰えた。しかし矢作川本流の舟紡績は、これとは逆に

最盛期の舟紡績

大いに栄え、最盛期の明治三十年ごろには、中畑地方のみでも六四艘に達し、矢作川全流域では、およそ一〇〇艘あまりの舟工場が浮かんで盛観を呈した。外輪船のようなかっこうで、流れる水に羽根を浸して運転する水車は、谷川の落差を利用した水車のように力はなかったが、百錘くらいまでの器械を運転するには、これで間に合った。

舟紡績の規模

舟の規模は、明治十八年ころまでは水車を一個とり付け、およそ三〇―九〇錘の器械を運転するにすぎず、長さ十間、幅一間程度であったが、明治四十年ごろより水車二箇を設備し、舟も長さ十三間、幅三間半程度に大きくなり、二四〇錘程度の横式器械を運転し、さらには歯車を使用し、水平軸より廻転を伝え、舟の内に並べた縦式器械錘数も、三〇〇―三二〇錘となった。しかし、矢作川の水量

（第4表）　舟紡績の動向（明治12〜昭和9）

年　度	紡績舟数
明治12年	3
15	46
31	59
38	40
大正6	27
11	17
昭和1	13
8	7
9	0

（愛知ガラ紡協会の記録より）

は一定せず、夏の洪水時には流失の危険があり、時には渇水によって運転不能に陥るなど、自然条件の制約がいちじるしかったので、明治三十九年ころに至って、石油発動機の発達普及によって、舟をすてて陸に上る者が続出し、舟紡績はしだいに衰えていった。

「平野のガラ紡」

この舟紡績は、海岸に近い矢作川の西南部に発達したので、「平野のガラ紡」ともよばれている。

七　臥雲機による水車紡績が発達

このように、矢作川の西南部に発達した舟紡績、すなわち「平野のガラ紡」に対して、岡崎の東北部丘陵地帯に発達した水車紡績があった。すなわち明治十年十二月、幡豆郡西尾町宮島清蔵という者が、額田《ぬかた》郡常盤《ときわ》村滝（いまの岡崎市）野村茂平次方に来て、水車の一部を借り受けて紡績業を始めた。

甲村滝三郎

同じころ、碧海郡堤村（いまの豊田市）の甲村滝三郎は、郡役所の小使をしながら、妻女に紡糸を買い集めさせて売りさばいていたが、「殖産興業」という明治政府の新しい産業政策を推進する役目を負わされていた、地方官庁の空気の中にあって、彼は、逸《いち》早くガラ紡機の時代性に着目し、明治十一年、つてを求めて四十錘の臥雲式手廻器械を購入し、これを堤村前橋の小工場に据え付けて試験してみたが、はじめは糸が切れたり、太さにむらがあったりして、なかなか思うように製品ができなかった。しかし努力して、綿の打ち方や、筒に入れる「篠巻《しのまき》」の加減を工夫して、ようやく成功することができた。

水車を利用して臥雲式器械を運転

滝三郎は、翌十二年十月、隣村の若林（いまの豊田市）の共同水車場を買い入れ、ここに六十錘の臥雲式器械を据え付け、ここの米搗《こめつき》水車を利用して紡機を運転したが、さらに器械を改良して事業の発展をはかり、水車を仕掛けるのに都合のよい額田郡常盤村滝（いまの岡崎市）に移住した。

ここは岡崎の北部に位した丘陵地帯でこれらの丘陵の間を縫って、矢作川の支流であるいくつかの谷川が流れている。郡界川・青木川・乙川《おとがわ》（大平川ともいう）などの支流は、本流の矢作川が悠々と流れていくのとちがって、丘陵の間を流れる谷川のため、その水流に傾斜があり、いたるところに、米搗《こめつき》や菜種油をしぼるための水車を仕掛けるのに都合のよい、自然の落差をつくっていた。滝三郎の移住した常盤村滝は、岡崎の町から一里余り東北にあるところで、村の真中を青木川

滝地方を流れる青木川

が流れていた。この村には、徳川家光が祖先の家康をまつるために建立した壮麗な常盤神社があるが、その境内に滝山寺がある。滝三郎は、滝山寺の寺侍をしていた野村茂平次と協力して、青木川の上流に仕掛けた米搗水車を動力として、ガラ紡機を運転するのに成功した。これは、時勢の要求に合致していたので、その業績は大いに上った。そして十二年には、一人で一〇〇錘を扱うまでに発達した（前掲『三河紡績糸』）。このため、この地方の人々は先を争って滝三郎らに伝授を請い、水車紡績は谷川を伝って、その本流・支流の各方面へひろがっていった。

この滝地方は丘陵地帯で耕地が少ないので、農民の労力は余り気味であった。そこへガラ紡機が導入され、その結果がよかったので、それを模倣する者が続出するのは当然であり、しかもその器械の構造が簡単で、費用も大したものではなかったので、人々は村の大工につくらせて、自家の水車小屋に据えつけたり、よその水車小屋の一部を借り受けて仕事をしたのであった。こうして、まもなく郡界川・乙川、その支流の山綱川・秦梨川《はたなし》などに、どしどし水車が仕掛けられていった。この水車紡績は、山の多い岡崎地方に発達したので、「平野のガラ紡」に対して、「山のガラ紡」とよばれている。

「山のガラ紡」

このようにして、三河に入ったガラ紡は、そこに適当な事業家を得て発展し、徐々に改良もされていった。明治十三年には、額田郡の常盤村・男川村《おとがわ》・美合村《みあい》・藤川村・河合村・岡崎町・岩津村などにおいて、水車場一七、経営者二五戸を数えるに至ったので、滝三郎の発意に

ガラ紡水車

紡績組合

よって、これらの経営者は組合をつくった。そして翌明治十四年に開かれた第二回内国勧業博覧会へ、組合から綿糸五十点余りを出品したところ、有功二等賞牌以下数点の受賞があった。このことは、「滝井組合」とよんだこの地の組合の業者に自信を与え、ガラ紡の発展は一層促進された。

同じころ、隣国の遠江(静岡県)にもガラ紡が移入され、浜松に近い天竜川の西岸を流れる支流の沿岸がガラ紡地帯として、水車紡績が行われた。

当時のガラ紡の原料は、その全部が国産の綿花で、その製品も主として三河木綿のよこ糸と、晒《さらし》木綿のよこ糸に用いられていた。明治十七年には、前年の十一月農商

額田紡績組合

額田郡滝井

務省甲第三十七号並びに明治十七年愛知県甲第一号の布達に基づいて、郡内の業者を統轄して、「額田紡績組合」が設立された。当時郡内の経営者は二六四名、錘数は四四、三二〇錘、年生産高は六二、三〇〇貫余りに上った。これは、わずか六ー七年の期間としては驚くべき発展であり、甲村滝三郎およびその協力者の野村茂平次の並々ならぬ苦心がうかがわれる。滝三郎は明治十七年、組合の成立と共に第一期の頭取に押され、以来十四年間その職にあり、糸質の改善、販路の拡張に孜々《しし》として努め、ついで野村茂平次が組合の指導者となった。このようにして、臥雲機によるガラ紡の発展は、甲村滝三郎・野村茂平次の努力によって、三河地方に実を結んだのである。

三河のガラ紡工場

当時の三河のガラ紡工場は、一人で一工場を経営するものは稀で、その多くは集合工場の制度によった。このばあい、水車と工場家屋は別に所有者があって、これを家主といい、紡績業者はその工場の一部を賃借して、打綿機と紡績器械を据え付け、紡錘一箇につき一ヵ月いくらと定めた工場賃借料を家主に支払うことになっていた（前掲『三河水車紡績業に関する調査』）。

このようにして盛んになった臥雲式水車紡績によるガラ紡糸は、明治十四—五年より知多木綿の原料として使用され、その声価を高める役目も果した。すなわちガラ紡糸を使用することによって、手織糸に似たものを織ることができたので、その美しい品質は当時の人々の嗜好《しこう》に適《かな》い、その上価格がやすく、機織《はたおり》も容易であったので、いちじるしく販路が拡張し、知多木綿の名声をあげるようになった（竹之内源之助手記『知多木綿沿革』）。

このように、原料の生産と製品の消費とがともに行われる土地で行われた有利

外国綿糸と国内紡績糸との間隙

性によって、ガラ紡業は発展をつづけた。しかしこれも全般的にみると、当時国内で一般綿糸に対する需要が増加したのに、まだ洋式紡績工場が十分に建設されなかったので、ガラ紡は海外から流入する綿糸と、国内で生産される紡績糸との間隙を縫って進出したのである。したがってそれは、国内の紡績工場の発展によって、没落する運命にあったのである。

第四　洋式紡績に対抗苦闘する

一　第二回内国勧業博覧会に出品

ガラ紡機は、三河をはじめ国内の各地に普及して、手紡《しゅぼう》にかわる能率のすぐれた器械としてもてはやされたが、器械の模造品が続出して、辰致は発明の利を得ることができなかったことは前に述べた。しかし彼の発明に対する情熱はますます強く、東西奔走の間にも、さらに紡機の改良を考えた。

辰致は、発明した器械の製造販売に従事するいわゆる事業家肌の人ではなく、発明家として常に考案にこり、新しい着想を得ると、ただちに前の器械を壊して新しく組立てるといった具合で、器械の考案こそ彼の生命であった。したがって連綿社の好況時代であっても、辰致の家計状態は決してよくはなかった。けれども不断の努力は遂に実を結んで、新しい考案を成し遂げることができた。早速実地に試験運転したところ、その成績は非常に良好で、これまでの器械の能率を一段と上げるものであった。この時第二回内国勧業博覧会が開かれることになったのである。

新しい考案

第二回内国勧業博覧会は、明治十四年に東京上野で開かれた。この時の出品点数は、第一回の二一一に対して四八九とふえ、入場者八二万人という増加ぶりであった。出品点数の中、紡機関係は三六五点、全体の五四・三パーセントであった。

第二回内国勧業博覧会出品を計画

辰致は、これまでに器械の改善に絶えず心を砕き、幾度かの失敗をくり返しながらも、ようやく一段と能率のよい器械をつくりあげていたので、こうして考案改良を加えた紡機二機を出品しようと考えた。しかし前回の出品が、連綿社の事業活動を背景としたものであったのに対して、今では連綿社は解散してすでになく、辰致の生計も窮迫していた際であったので、出品経費を支出するために大へんな苦労をしなければならなかった。

期日おくれの出品

このような状況の中で、辰致は奔走したが、出品のための器械を製造する費用も思うにまかせず、したがって実験もできなかったので、一時出品を断念しようとした。けれども少しずつ付属品を整えて試験したところ、意外に使用法が簡単で能率がよかったので、にわかに出品と決めた。申し込みの期間はすでに過ぎていたので、東西奔走して、ようやく下高井郡穂高村（いまの木島平村）の青柳庫蔵の協力を得、ようやく期日おくれの出品にこぎつけることができた。この間の苦心の事情は、つぎに記す「請願書」によって窺《うかが》うことができる。

請願書

東筑摩郡元波多村住

現今同郡北深志町松本開産社内住

臥雲辰致

一、綿糸紡績器械　一具

但付属品共高四尺五寸　幅四尺　長七尺

右奉二請願一候。去ル明治十年東京上野公園ニ於テ、内国博覧会御開設之際、非才ノ私発明シタル綿糸紡績器械出品致シ、忝《かたじけなく》モ鳳紋賞牌拝受、難《ありがたく》レ有感銘仕候。然レドモ紡糸ノ量目充分ノ効ナキニ因リ、一昨十二年十月ニ至ル迄再度器械ヲ更生シ、漸次効力相加ハルト雖モ、未ダ意ヲ達スル能ハズ、其間幾許《いくばく》ノ失敗アルモ敢テ屈セズ、爾来寝食ヲ忘レ夙夜焦慮《しゆくやしようりよ》シ、以テ一ノ改造方ヲ案出シ、既ニ昨十三年五月器械改造方ニ着手セント欲スル際、不《はからず》レ図モ事故相生ジ、東西江奔走シ候ヨリ、無《よんどころなく》レ拠之ヲ抛棄《ほうき》ニ付シ置候。然ル処本年二月下旬ニ至リ漸ク該《がい》事故解ケ候ニ付、期限後レニ候得共事情上申、今般

御開設ノ第二回博覧会場江器械出品方思立（下略）

すなわち、「陳列の余地がなかったら、場内の片隅でも拝借して出品したい。」という申し出を添え、会期半ばにしてようやく紡機を据え付けることができた。これはまったく、発明に生きてきた辰致の意気とともに、報いられない当時の境遇を物語っている。

場内の片隅にでも

請願書と共に提出された「添願」は、つぎのようなものであった。

一、綿糸紡績器械

糸口五十付　二具　但シ水車仕掛

右優等之工女一人扱トナス。

紡糸量目一時間極上等ノ糸四カナ糸（但打綿六十目ニテ）ヲ百目製出ス。

但シ今回出品請願スル器械ハ、見本ニ付、糸口二十四口付ナリ。

一、去ル明治十年博覧会之際出品致候器械ハ、糸口百口ニテ一時間ニ漸ク紡糸六十目ヲ製出シ、而テ其糸粗漏ナリ。今回改良之器械ハ、前条陳《のぶ》ルガ如ク一時間ニ百目ノ多量ヲ製出スルノミナラズ、該《その》糸上等ナリ。旁々以《て》勧業ノ為メ期限後レニハ候得共、出品致度候間、何卒《なにとぞ》特典之御詮議ヲ以テ本願御《ご》允許《いんきょ》被《な》レ成《され》度、器械写一葉相添此段只願奉レ請候。以上。

右　臥　雲　辰　致

明治十四年三月二十六日

長野県令楢崎寛直殿

出品した紡機

この年出品した紡機は、高さ四尺五寸、幅四尺、糸口五十付二具の水車仕掛のもので、優等の女工一人扱いで、紡糸量目一時間に極上等の糸百目を紡出する能力があった。これは、明治十年に第一回の博覧会に出品したものが、糸口百口で一時間にようやく紡糸六十目をつくり、その糸も粗漏であったのに対して、この度の改良機が一時間に百目をつくり出すだけでなく、その糸の品質は上等であっ

進歩二等賞

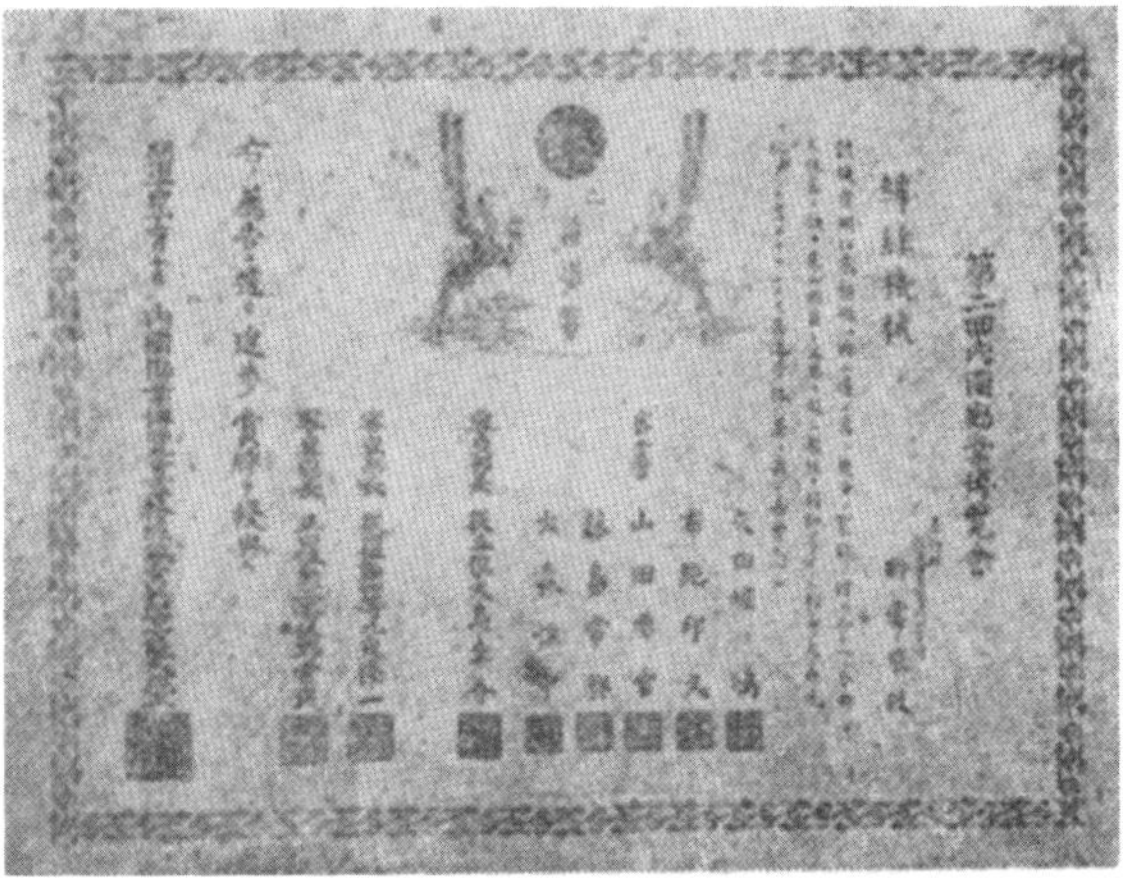

進歩二等賞（第二回内国勧業博覧会）

て、前の器械にくらべて格段の進歩をみせている。

このように苦心して出品した紡機であって、審査の結果その苦心も報いられ、「今回第一の好発明」の評を受け、進歩二等賞を得ることができた。第一回の博覧会出品が、連綿社の事業活動を背景とし、器械製作の費用はもちろん、辰致や器械運転の人夫賃など、在京中の雑費往復の旅費などはすべて後援者の負担であったのに対し、今回出品のばあいは、連綿社はすでに解散してなく、出品の経費は本人の負担であった。辰致の生計窮迫の際のこととて、経費の支出に血のにじむような苦労が重ねられたが協力者を得てようやく出品にこぎつけたかずかずの労苦がここに報いられたわけで、辰致の喜びも想像される。

まったく新しい器械

この第二回内国勧業博覧会に出品した紡織機のうち、長野県の渡辺恭兄弟の出品した織機のように、アメリカ人ライアル氏の織機を真似てつくったものもあったが、辰致の綿紡機は、まったく新しい器械を自ら案出したところにその特色があった。

受賞したものは、機械部門の出品中では、進歩二等賞二、同三等賞一、有功一等賞七、同二等賞四、同三等賞九、褒賞一六で、辰致の受けたものは、機械部門の最高賞であった。

このように苦心して改良され、機械部門の最高賞を受けた臥雲紡機ではあったが、洋式紡績機にくらべると及ぶべくもなかった。第二回内国勧業博覧会の審査に当った審査総長の佐野常民は、「その製糸は、まだ唐糸《からいと》には及ばないから、この賞牌に満足せず、唐箱《からばこ》（洋式の機械）に劣らないような糸をつくるよう。」と諭達したのも、このあいだの実情を物語っている。

二　大森惟中の援助

小成に安んぜず更に工夫

第二回内国勧業博覧会への出品も一応の成功を納めたが、辰致は小成《しょうせい》に安んぜず、更に改善に工夫をこらし、たまたま心に浮かぶことがあると、たちまち器械をこわして、手を入れるようなことが続いた。このために資力を使い果して、生計にも支障を来すようになった。しかし、辰致は常に気が強く、かつて人に向かって、「自分はこの発明と共に死ぬ決心だ。他の事などかまっておれぬ。」と語ったという（広田三郎編『実業人傑伝』第四篇）。彼の意気に感じて、中には助力する者があるが、それも長続きしない。彼は妻子が飢餓を訴えても、どうすることもできなかった。し

単身上京する

かし彼の研究心はやむことなく、妻多けと子供を妻の実家である波多村の川澄家にあずけ、博覧会出品の後始末を機会に、単身上京して、各種の機械を参観し、自分の考案の参考にしようとした。

辰致は上京した。一旦思い立つと、どうしようもなく、只一途《いちず》に発明に精魂を傾けようとするのが彼の性格であった。しかし生活の窮乏はますますはなはだしく、もはや財布の金一銭もなく、時に厳寒の折とて、着るものもなく、やむなく布団を裂いて古綿をぬき出し、みずから紡ぎみずから織って、ようやく間に合わせたという逸話が残っている程であるから、在京中の窮乏ぶりが想像されるが、こうした困窮にも堪えて、彼はひたすら発明に精進していった。

この窮乏のどん底にあった時、このことは、第二回内国勧業博覧会の審査総長佐野常民の耳に入り、それは審査官の大森惟中《いちゆう》にも伝えられた。大森惟中は事情をきき、辰致の宿舎を訪れたが、余りの悲境に驚き、非常に同情して、早速辰致をひきとり、助手一人をつけてその発明を助けることにした。常民は、さきに天皇が松本巡幸の折、これに従って、辰致の工場を巡視した人である。

大森惟中家に寄寓

辰致は感激し、惟中の意に従って大森家に寄寓することになった。それからは満足して発明生活を続け、種々の試験を行ったが、数十日して新しい考案をなしとげて新しい器械をつくり出した。試運転の結果は、器械の運転が極めて軽快で、糸も強く、生産能力も前の器械の倍に達する程であった。

惟中が、このように辰致をひきとってその発明を援助しようとしたのは、彼が常々、わが国の機械工業が発達しないのは、発明者にその志すところの研究を進めさせる方法と資材とを供給する者がないからであると信じていたからで、その考えは、『明治十四年内国勧業博覧会報告書』にも詳細述べられているが、彼は博覧会の審査官として、みずからその発明の援助者になろうとしたことにあると思われる。だから彼は一方に、同報告書につづけて、而して専売特准《とくじゅん》の法は、自ら発明改良者の為に、其資産を保護せしむるの良制なり。故を以て、臥雲氏の如きは、現に特准の法なきが為めに其弊を承《う》くる者とす。

と記して、専売特許法設定の急務を説くと共に、新しい考案の至らないところを助け、その目的を達する方法を設けることを進言し、さらにまた、

惟中専売特許法設定の急務を説く

第一回内国勧業博覧会に出品して、資産を傾け、貧困に窮しているものは、綿紡機の臥雲辰致、織機を出品した渡辺恭兄弟のみでなく、紡糸機を出品した斎藤曾右衛門、織機の山口重兵衛などは、第一回内国勧業博覧会に出品した後は、寂《せき》として消息をきかない。今の中に、官が奨励の法を設けて、機械工業を起す道を開かないと、わが国の機械工業は、今日より盛んにならないであろう。

と心配しているが、この故にこそ、審査官特別報告員としての大森惟中は、さら

にその報告書に、特に辰致の履歴書をのせ、その器械の要部を鉄製にすれば、必ず効用をなすことを記すと共に、

夫《そ》レ我邦人中、辰致ノ如キモノ果《はた》シテ幾人アリヤ。其志ノ篤摯《とくし》にして、百折屈セザル、百千万人中其類少ナシ。若シ世ニ資材ト考案トヲ助クル人アリテ、其機ヲ成就セシメバ、辰致ノ名ハ欧米ノ諸発明家ト並ビ、馳《は》セテ長ク史乗《しじよう》ヲ照サントス。然ルニ、其人志ヲ斉シテ餓死ニ瀕セントシ、世復《ま》タ之ヲ救フ人ナシ、天道是《ぜ》カ非《ひ》カ、今此《ここ》ニ至ツテ、筆ヲ投ジテ慨然タリ。

と記しているのである。明治官僚大森惟中の辰致に示した同情は、当時の国産の機械における、臥雲紡機の地位と、辰致の飽くことを知らぬ発明に対する精進に対して、何とか彼の仕事を完成させようとする熱意を示している。

大森惟中の同情

しかしこのころは、既に政府による洋式紡績工場設立の計画が、着々実行に移されていた時であった。すなわちガラ紡が三河に移入された翌年の明治十一年に

官営模範工場

は、政府がイギリスより輸入した二千錘紡機二基の中一つを三河に建設することになり、やがて明治十四年末には、男女従業員六〇名を使用し、蒸気動力三十馬力によって操業を開始したのであった。これは「広島紡績所」とともに、紡績の最初の官営模範工場として有名な「愛知紡績所」であって、これに続いて、政府が輸入した二千錘紡機一〇基も、全国各地の有志に払い下げられて、明治十三年から同十八年までの間に、それぞれ工場が建設されるに至った。

すなわち遠江(静岡県)では、天竜河畔に設立された遠州紡績会社の二千錘の工場も明治十七年に開業し、尾張(愛知県)では、名古屋紡績会社の工場が、明治十八年に開業した。この名古屋紡績会社の工場は、イギリスより八千余錘の紡機を購入して設立したもので、愛知県下における最初の民間紡績会社であった。

民間紡績工場

愛知県では、つづいて尾張紡績・三重紡績愛知分工場・一宮紡績・津島紡績・知多紡績などの諸工場が建設されていった。

全国的にみても、明治十八年ごろには、政府官営の工場のほかに、民間や県などで設立する工場が増加し、ことに、明治十九年に設立された一万六千錘の大阪紡績会社、翌二十年に大阪に設立された各一万五千錘の天満《てんま》・浪華《なにわ》・平野の三紡績会社や、明治二十二年に資本金百万円をもって東京に設立された鐘ヶ淵紡績会社などは大きなものであった。

このようにして、明治十二年までは、島津家の設立した二工場と鹿島万平の三工場、合計八三四四錘に過ぎなかったものが、十年後の明治二十三年には、工場数で三九、錘数三五万八千余錘というめざましい発展をし、十年間に機械数が十倍にもはね上る勢いであった。これを表示すると、つぎのようになる。

これらの紡績工場でつくられる綿糸も、はじめの頃は、設備や技術が行届いていなかったので、その品質も粗悪で、ガラ紡糸にくらべてあまり優れているとはいわれなかった。だからガラ紡糸は、これらの品質の悪い紡績糸を圧倒して市場

大日本綿糸紡績連合会

へ進出していたが、明治二十年代に至って、大資本による民間の大工場が出現して、生産が国内の市場をはみ出し、大日本綿糸紡績連合会による輸出の努力も行われて、優良な製品が盛んに市場に出るようになると、ガラ紡は、その品質・価格において、もはや紡績糸の敵ではなかった。第二回内国勧業博覧会に出品して、「今回第一の好発明」の評を受けたガラ紡の改良機が、一時間に上等の糸百目を紡出するといっても、それはあくまで手紡技術の改良機であって、近代的な洋式紡績機の能率と、そのつくり出す糸の品質との差は余りにも大きかったのである。

(第5表) 紡績工場並に錘数増加表 (明治12〜23)

年度	工場数	錘数
明治12	3	8,344
13	5	12,792
14	10	22,792
15	13	28,792
16	16	44,444
17	19	50,444
18	20	79,264
19	20	81,264
20	19	84,728
21	24	129,376
22	33	267,264
23	39	358,184

(日本綿業倶楽部編『綿業年鑑』による)

したがって、このガラ紡機の技術をもって、輸入紡績糸に対抗し、あるいは国内に新しく興った洋式紡績糸に立ち向かおうとするのは、今日からみると、大きな河が決壊しようとするのを、両手で支えるようなもので、技術の面からみて絶望的なものであった。しかし辰致は独力でこれに当り、ガラ紡機の改良考案に死力をつくしたのであった。一機を発明しても、更に新たな考案の衝動にかられて安んずることがなかった。こうしたことは、発明家に共通の運命であり、断えず考案にこって、その成功のたびに喜びを感じながら、新しい考案を重ねねばならなかった。

辰致は大森家に寓することと数ヵ月、この間に一機を考案し、さらにこれを改良しようとしていた。そのうち、故郷の妻からは、二男家佐雄《けさお》が生まれた報とともに、しきりに帰国をすすめる手紙が到着し、辰致自身も、いつまでも他人の世話になるのを快しとしなかったので、惟中に事情を話した上、ひとまず帰国するこ

悄然と信州に帰る

とになった。けれども、発明を生命とする辰致の心中は暗く、彼は悄然《しょうぜん》と信州に帰っていった。

こうした事情のもとにあって、妻多けの実家川澄家の援助のあったことは多大であったが、妻としての多けの苦労も容易ではなかった。気丈《きじょう》な彼女はそれに耐え、辰致の発明生活中、よく彼を助け、また母として子供の養育にしたがったのであった。

多け夫人

その後の消息については、はっきりしたことは分らないが、辰致の上京は明治十四年四月、帰国したのは翌十五年の初め頃のことと思われる。

三　藍綬褒章を受ける

再挙を図る

妻の実家川澄家に一旦腰を落付けた辰致は、やがて東筑摩郡北深志町の旧連綿社工場内に居を構え、波多村から家族をひき取って再挙を図った。

石川県勧業課傭

このころ、前年の博覧会場で、石川県勧業課の購入した紡機一台について、納入後その操作不馴れのため十分な能率が上らず、さらに数個の註文を受けていたので、石川県の依頼によって出張することになった。

彼は明治十五年五月、石川県庁へ出頭して同県の傭《やとい》を拝命し、操糸教習の仕事に従った。すなわち月給幾許《いくばく》かを与えられて、熱心に紡糸の取り扱い方を教えるかたわら、紡機の改良にも精力を傾けた。

ところがこのころ、人々の間に、「臥雲機でつくる綿糸は、弱くて実用に適しない。」といった噂が流れた。辰致が変に思ってよく聞いてみると、それは器械の取り扱い方の未熟なのと、糸のとり方の不馴れなのを考えず、只綿糸の形をしていれば織布に適するものとして販売したところから、これを購入した者は、その製法の如何を調べないで、一概に実用に適しないものと決め、はなはだしい者は、実際に手にも触れないで不適当とする者もあることが分った。辰致は憤然として、公務の暇をみて、さらに器械の改造に苦心し、数十日してようやく一つの器械をつくり上げ、実験してみると、果して強い細糸を得ることができた。この時の実験表は、つぎのようなものであった。

紡機の実験

この実験によって、唐糸《からいと》二十手と三十手の品と比較すると、同等の品の強弱については、唐糸の右に出ることはできないが、これは綿の質によるものであろうか。なお織り工合をみるため、試みに絣縞《かすりじま》を織ってみた。すなわち、織巾の半分は和糸をたて糸とし、半分は唐糸、また残りの織巾の半分は唐糸をよこ糸とし、半分は和糸という風にしてみた。その出来上りは、五寸四方で、よこ唐糸にたて和糸、たて唐糸によこ和糸、たてよこ共唐糸または和糸の四種（和糸は臥雲機によるもの）を一目瞭然になるように織り、染職人に染めさせてみたところ、唐糸の染代が高価な割に色が十分でないのに対して、和糸は染代が安価で色が十分に揚ることが分った。これも綿の質によるのであろう（「綿糸紡績器械改良御検査願」）。

辰致が石川県傭として奉職した期間ははっきりしないが、その間求めに応じて各地に出張し、

（第6表）　製糸実験表

綿筒の数	綿　目	製糸の細太	一時間製糸高	廃　綿
3本立	15　目	20　手	1匁8分	2厘余
		24　手	1匁5分	2厘余
		30　手	1匁2分	1厘余

1.　この廃綿は，通常糸100目につき1匁5分の割合を以て算出す。

2.　この30手とは，3尺5寸糸560筋にて一糸なり。すなわち300糸を以て，目方1〆200目なるをいう。以上これに同じ。

藍綬褒章を受ける

紡糸の方法を伝授して廻った。

このようにして、辰致の紡機改良に対する努力は、断え間なく続けられたのであるが、明治十五年十月三十日、辰致は藍綬褒章《らんじゅほうしょう》を与えられることになった。二十余年にわたる発明の功績は、ここに輝いたのであった。褒章の記には、

夙《つと》ニ志ヲ綿糸機械ノ発明ニ注ギ、刻苦経営歳月ヲ積ム二十余年、改良ヲ画《かく》スル幾十回、遂ニ良機械ヲ発明シ、人力ヲ省キ費用ヲ減ジ、公衆ノ利益ヲ起シ成績著明ナリトス。依テ明治十四年十二月七日、勅定ノ藍綬褒章ヲ賜ヒ、其ノ善行ヲ表彰ス。

藍綬褒章をつけた臥雲辰致

辰致の喜びは如何ばかりであっ

経済的苦境

ただろうか。辰致は十二月二十日謹んで褒章を受け、即日賞勲局総裁三条実美《さねとみ》、同副総裁大給恒《おぎゅうわたる》宛「綿糸機械ヲ発明セシヲ賞セラレ、藍綬褒章ノ賜ヲ拝受ス。自今此光栄ヲ失ハザラン事ヲ勉ム。」の領票《りょうひょう》を呈出した。長いあいだ発明生活の苦闘に明けくれて、身辺を顧みる暇のなかった辰致ではあったが、珍しくモーニングに威容を正し、藍綬褒章を胸に輝かした写真が残っている。この朝礼服を着用するや、顔も洗わずに家をとび出し、町の写真屋にその目糞を笑われたという話は、今も家人の語りつぐところである。

　永年の発明生活の苦労が報いられて、ここに藍綬褒章を受けた辰致も、その栄誉にくらべて経済生活は恵まれていなかった。とくに、連綿社の事業を縮小して、これを一手に引き受けてからは、模造の品が続出し、専売の保護がなかった時であるから、経営の困難はいよいよ加わってきた。これを打解するため、新しい発明に力を注げば注ぐ程、辰致の家計は悪化していったのである。

青柳綿紡会社設立を計画

この経済的苦況を打解しようとして、辰致は、第二回内国勧業博覧会出品の際の後援者であった下高井郡穂高村の青柳庫蔵にすすめて、資本金五万円で「青柳綿紡会社」を創立しようと計画した。この創立証書には、

此会社ヲ創立スルノ主意ハ、第一公益、第二私益ヲ謀《はか》ル為ナリ。夫《それ》綿紡ハ日用欠クベカラザルモノニシテ、消費尤《もっとも》広大ナルモノナリ。維新爾来貿易ノ約成リ、唐糸ノ輸入セシヨリ、我国固有ノ綿糸自カラ廃業シ、輸入弥《いよいよ》多ク、今日ニ至リテハ、唐糸ヲ以テ輸入品中ノ第一等トス。是我国ノ不幸ナル実ニ慨歎ノ至ナラズヤ。依テ此証書第六条ニ連署シタル輩、同心協力シ、唐糸ノ輸入ヲ防ガン事ヲ謀リテ、此社ヲ結ビ、左ノ創立証書ヲ取極候也。

と記されているように、輸入綿糸に対抗しようとする意気は失っていなかったようであるが、この事業は実現しなかった。

百瀬軍次郎と協力

明治十六年二月、辰致は妻多けの従弟に当る百瀬軍次郎と協力して、水車場を

臥雲機の性能

設け、臼場と紡糸場を共同経営し、さらに同年十月には、小倉官林の払い下げを受け、諏訪郡上諏訪村（いまの諏訪市）青木岸造と共同して、綿糸紡績所の設置を計画するなど、窮迫の生活の中にあっても、全力を振っていろいろ画策したが、元来辰致は発明家であって、事業家としての彼の手腕はとても他の人に及ぶところではなかった。

当時の臥雲機の性能は、数多《あまた》の改良を経て、次のような段階に達していた。すなわち、

一、綿紡機械糸ロ八ロ壹台
此実価金四円五十銭、付属品カナワク一個別ニ使用ヲ要セズ。紡糸直ニカナニ揚ル。外ニ取換紡筒八本、糸ワク二個相添。

一、使用方法
女子一人ニテ容易ニ運転ナス。尤《もっとも》水車力ヲ用フレバ、一人ニテ数器ヲ取

扱フモ、多分ノ労力ヲ費スニ及バズ。

一、効用

一日即チ十二時間ニ其糸尺二千四百三十丈ヲ紡ス。此カナ数九ツ、一カナ九百廻リト定ム。綿量目百三十匁。

（明治十六年十一月二十六日、「機械性能取扱方法等ニ関スル郡長宛解答記草稿」）

とあるように、一日すなわち十二時間に、その糸尺二、四三〇丈を紡糸《ぼうし》し、その糸量一二三四匁の性能であったのである。百瀬軍次郎と協力してつくった水車場の設備は、ドウズキ八本、臼八箇による紡糸器械二個、機織器械二個であった。洋式紡績に対抗しようとした意気はまことに盛んであったが、こうしたことは、時勢からみて一つの悲劇であった。

明治十八年四月、女鳥羽《めとぼ》川の水流を利用して設けてあった水車場が破損して大損害を受けたので、その修理と出資者の更新に百方奔走して再起を図ったが及ばず、九月には、北深志町にある開産社内の水車場三〇坪・水車輪棒・ドウズキ・臼などの一式を、金百円で柳沢佐平に売却しなくてはならなくなった。こうして、一応の整理を終った辰致は、失意のうちに波多村へ引き揚げ、再び妻多けの実家川澄家の世話になることになった。

水車場を売却

北深志町の水車場を失って波多村へ引き揚げた辰致は、帰農し、炭焼などして妻子とともにつぶさに辛酸をなめたが、発明考案への情熱は衰えず、紡機の改良と、新たに着想した蚕網機《さんもうき》の発明に精魂を傾けたのであった。

波多村へ引き揚げる

四 五品共進会のガラ紡に対する評価

五品共進会

これより前、明治十八年五月、東京上野公園で五品共進会が開かれた。共進会は、政府のめざした「殖産興業」の産業政策の表われであるが、この会に綿糸を出品したものは、すべてで一一三名、そのほとんど全部が和式で、しかもみな臥雲紡機によってつくられたものであった。その生産地は二府十一県に上り、愛知・三重・静岡・山梨・京都・大阪・神奈川・新潟・岡山・山口・佐賀・宮崎・茨城などで、これによって、当時のガラ紡業の分布とその盛況ぶりを知ることができるが、共進会の審査当局は、ガラ紡機と洋式紡績機の構造上の相違を明らかにし、洋式紡績に対してつぎのようにガラ紡糸の劣位を宣言したのであった。すなわち、

ガラ紡糸の劣位

今回出品ノ綿糸ニ就テ之ヲ見レバ、製造ノ精粗ヲ問ハズ、洋式紡糸ハ総《すべ》テ臥雲紡糸ヨリ精強ニシテ、其間ニ著シキ階級アルヲ見受ケタリ。某、熟《つらつら》其ノ理由ヲ探究スルニ、畢竟《ひつきよう》左ノ二項ニ出デザルガ如シ。

一、洋式紡績ノ臥雲紡糸ニ優《まさ》レル所以ノモノハ、第一綿毛梳整《そせい》ヲ受ケ、繊維能ク整理スルニヨル。第二紡式真理ニ合《かな》ヒ、伸撚《しんねん》ノ方法完整ナルニヨル。

一、臥雲紡糸ノ洋式紡糸ニ劣レル所以《ゆえん》ノモノハ、第一ニ綿毛梳整ヲ受ケズ、

繊維能ク整理セザルニヨル。第二紡式真理ニ反シ、伸撚ノ方法完整ナラザルニヨル。

精紡方法綿の繊維の天性に合わず

とし、洋式紡績機が、打綿につづいて梳条《そじょう》によって繊維を整理し、しかるのち精紡をするしくみになっており、その精紡の方法が、伸棒《のべぼう》で綿条を伸ばし、紡錘で撚《よ》りをかけ、糸管《いとくだ》で糸を巻き取る方式であるのに対して、臥雲機は、打綿ののち繊維を整理することをせず、短筒の回転によって撚《よ》りをかけ、小車の捲取りによって伸張するしくみになっているが、洋式紡績機の方法が綿の繊維の天性に合っているのに対して、臥雲機のそれは反対であるとその特色を記し、さらに、

是《ここ》ニ至リテ、臥雲糸ノ洋式紡糸ニ劣ルコト明カナラン。臥雲式製ハ洋式製ニ劣リテ、其（糸質・線状・撚度・強力・弾力ノ自《おのずか》ラ相異ナルコト）勿論タルベキハ必然ノ勢ニシテ、素《もと》ヨリ其器械ノ構造整《ととの》ハズ。随テ製造法ノ完全ナラザルガ為メ、彼ト其糸ノ精良ヲ競《きそ》フ限リニアラザルコトハ、初ヨリ期スル所ナリシガ、

洋式製との差が大きい

其出品中、偶《たまたま》糸質善良ニシテ、細大較《や》ヤ均一ヲ呈シ、光沢・線状等特ニ見ルベキモノアリト、殆ド洋式製ニシテ、其劣等ニ位スルモノニ優ルモノアルヲ見ル、是真ニ原綿ノ選択ト製造法トノ注意浅カラザルニ因《よ》ルベシ。唯惜ムラクハ其弾力乏ウシテ、之ヲ夫《か》ノ洋式製ニ比スレバ、其差違実ニ甚シ。是レ器械ノ不整ナルガ為メ、紡綿上綿毛ノ糾合《きゅうごう》良カラザルノ致ス所ニシテ、一般臥雲式ノ免ガル可カラザル一短所ナリ。

と記して、この臥雲紡機に頼って、洋式紡績と糸の精良を競《きそ》うことは、とても不可能であるから、精良の糸は洋式紡績にゆずり、ガラ紡は手織綿布のよこ糸、下等木綿や足袋底などの原料に向けていくのが適当であると結論した（『明治十八年共進会蚕糸綿漆器審査報告』）。

このような、ガラ紡に対する洋式紡績の絶対優位であることを論証した共進会当局の報告は、今日からみると当然のことであるが、この報告のうらに、当時のガラ紡が演じた綿業史上の役割を知ることができる。

洋式紡績工程

改めて洋式紡績とガラ紡とをくらべてみると、当時の洋式紡績は、今日からみるとはなはだ幼稚な生産工程ではあっても、

一、打綿機（パッチング）―あらうちの具
二、梳条機《そじょう》（カルチング）―わたしらべの具
三、練条機（ローイング）―しのまきの具
四、粗紡機（フライエル）―あらいとの具
五、精紡機（ニュール）―いとしあげの具
六、懸砕機（英訳不詳）―いとのかけわくなり。

（「武州滝野川村飛鳥山麓綛糸器械図並に会社庭中」）

と複雑精巧であり、これによって紡出される糸も、ガラ紡糸にくらべると格段の相異があったわけである。

ガラ紡独特の装置

これに対してガラ紡機の、綿を綿筒に入れて回転させ、糸巻の引用によって、自然に糸をひき出すという独特の装置は、洋式紡績機の影響を受けず、在来の手《しゅ》紡《ぼう》糸を機械化しようとして、独自の構想によって考案されたものであり、

洋式ノ工程ハ、スベテ数回綿条ヲ引伸《いんしん》シテ、漸次ニ細糸トナラシムルモノニシテ、直チニ繊維トナスニアラザルナリ。故ニ臥雲氏ノ機ハ、以テ極細ノ糸ヲ製スルニ堪ウベカラズト雖モ、ソノ数回ノ工程ヲ省クノ功験ハ、一時欧米人ノ技巧ト併馳《へいち》スルトイフモ亦殆ド過称ニアラザルガ如シ。

(『明治十年内国勧業博覧会報告書』)

というように、その簡易な構造が、巨大な建設費を要する洋式紡績に対して、誰でも少ない資本によって設置できることによって、ひろく普及し、明治一〇—二〇年代のわが国の綿業を支えたのである。

専売特許条令

明治十八年、待望の「専売特許条令」が発布され、ここに発明者の権利は保護

されることになった。しかし『明治十年内国勧業博覧会報告書』に、審査報告員と審査官特別報告員大森惟中が、審査総長の佐野常民あてに、「十年の会に、其創造せる綿糸機を出し、一時の喝采《かっさい》を博すと雖も、政府未だ専売の制を設けざるを以て、忽ち世人に模擬せられ、創造者其利を享《う》くる能はず。其数奇なる実に憫《あわれ》むべし。」と述べているように、辰致の発明したガラ紡機は、この時には、もはや全国に普及し、彼の発明したものに改めて手を加えたものも用いられていて、特に特許条令の恩恵に浴し、利益を得ることはなかった。辰致はまた奮起して、新しい発明にとりかからなくてはならなかった。

五　三河で紡機の改良を指導

明治十七年、三河で「額田《ぬかた》紡績組合」が設立されたことは前に述べたが、この組合は二六四名の組合員をもち、額田郡常盤村滝にその事務所をおき、組合地区

中国綿輸入

撚り掛け機械

を六区に分け、組合規約を設けて製品の粗製濫造を戒め、事業の発展につとめたのであった。ところがたまたま大暴風雨とともに大雨が降り、尾張・三河の綿花は枯死して事業は大痛手を蒙ったが、十八年に外国産の原綿（中国綿）が輸入されるようになったので、業界は復活し、天災のため操業をやめたものもこれを再開し、ガラ紡は再び発展するようになった。

精紡機（ガラ紡機）と撚掛機（後方）

　この年初めて撚《よ》り掛け機械の使用が行われ、三本の糸を撚《よ》りあわせた三子《みと》撚糸《よりいと》の製造を始める者があらわれた。当時は、ある一部分の試製時代であったが、足袋底用の雲斎《うんさい》（織物の一種）の原糸《もといと》として好評を受け、静岡県・東京市・埼玉県・茨城県等へ移出された。

　ガラ紡のこのような発達は、技術の上で、精紡の前工程である打綿工程にも変革をよび起した。これまで打綿は、極めて原始的な方法により、いわゆる唐弓絃《からゆみづる》によって手打していたが、新しく輸入された中国綿は、繊維が硬く、一日一人の工程では操綿《くりわた》がわずかに一貫目程で、綿打工も不足し、業者の苦痛も甚しかったが、明治十九・二十の両年、原綿の供給の確保によって業態が回復していくと、二十一年大阪から木製綿打機を移入し、一日五－六貫目の繰綿を打つこ

木製綿打機

打綿機（右）と撚子巻機

とができるようになって、事業の面目を一新した。
その結果、これまで一人で扱った紡績機が、一台一二〇錘・一六〇錘・二〇〇錘であったものが、三〇〇—三五〇錘と、約二倍もの錘数を扱うようになり、操業は活況を呈し、各方面に水車工場の建設をみるようになった。こうして三河地方のガラ紡は、明治十年に移入してからおよそ十年間、その生産額はひとすじに上昇してきた。それは、「額田紡績組合」を設立してからの、つぎの統計がよくこれを示している。

ガラ紡のこのような発展に伴って、岡崎地方でも、紡機の製造・修理を業とするものがしだいにふえてきた。最初の人は岡崎康生《こうせい》(いま岡崎市康生町)の橋本という者と、碧海郡堤村(いまの豊田市)の中野清六であった。ついで、伊賀村(いまの岡崎市)の伊藤磯右衛門は、ガラ紡の将来性に着目して中野清六の弟子となり、主人の中野姓を名乗ってガラ紡機の製造をはじめ、相当の台数を滝地方へ入れた。

中野清六

六名懇親社

（第７表）　三河ガラ紡経営状況（明治17〜20）

年　代	組合員数	職工数	紡錘数	生産額	生産価格
明治17年	264	242	44,320	62,317貫	—
18	316	405	60,080	89,442	142,408円
19	452	580	98,760	215,624	187,064
20	483	615	131,530	308,637	492,850

（三河紡績同業組合編『三河紡績糸』による）

いっぽう渥美《あつみ》郡田原出身の小野三五郎も、明治十七年ごろ伊藤磯右衛門の弟子に入り、中野製ガラ紡機の製造を継いだ。そして明治十八年には、これら業者の懇親連絡をはかるため、額田《ぬかだ》郡伊賀村伊藤磯右衛門・岡崎町六《ろっ》供《く》石川栄治・同材木町加藤文治郎・同八幡玉泉堂・同祐金高橋・伊賀村林の六名によって「六名懇親社」をつくり、技術の練磨につとめた。

このようなガラ紡の発展は、第一に何といっても、原料の綿がはじめ手近にあったことであり、製品がただちに三河木綿や尾張の知多木綿の原料として使用されたことであるが、紡績業全般の情勢からみると、わが国一般の綿糸の需要が増加したにもかかわらず、これに応ずべき洋式紡績工場がまだ十分に建設されていなかったので、やがてそれが続々開業して、その製品が一般にいきわたるまでの間ガラ紡は盛況を呈していたのである。このころは、外国綿糸・国内紡績糸・ガラ紡糸の三者が三つ巴《どもえ》となって、国内市場で競争していたのである。明治二十・二十一の両年度は、初期のガラ紡界にとって一陽来復《いちようらいふく》の黄金時代であった。

ガラ紡の黄金時代

好況の波に乗った額田紡績組合は、明治二十一年四月、役員会の決議によって、辰致を組合に招くことをきめた。頭取甲村滝三郎は、組合員一人につき綿糸一玉ずつを辰致への土産として集め、これを持参して、当時落胆して妻の実家である信州波多村の川澄藤左方に寓居していた辰致を訪れ、懇切に招請の旨を申し入れたのであった。

滝三郎の持参した土産の綿糸は百八十余玉で、その一つ一つに美しい商標を付けた業者の真心こもるものであった。中には、女工から特志で出されたものもあり、辰致の喜びは非常なものであった。辰致は滝三郎から事情を聞き、自分の終生を賭した発明の事業が、三河で立派に開花しているのを知って大いに喜び、招請の申し入れを快諾して、その期日を七月ときめた。

額田紡績組合に招かれる

七月半ば、五日の行程をへて、辰致は額田郡常盤村滝の紡績事務所へ到着した。この日紋付袴のいで立ちで途中まで出迎えた組合員が、路傍の松の根に腰をおろして一息入れている村夫子《そんふうし》然《ぜん》とした男をとらえ、「信州の臥雲先生を見受けなかったか。」と言葉をかけたところ、それが図《はか》らずも当の本人であったという逸話が伝えられているが、辰致の生活振りと一面の性格を示している。

頭取の甲村滝三郎、副頭取の斎藤兼次郎、役員野村茂平次以下の心のこもった歓迎を受けた辰致は、ひとまず常盤村の滝山寺に滞在し、滝三郎らとともに時の過ぎるのも忘れて、いく度となく発明談や将来の希望を語り合ったのであった。

辰致を招請した目的は、さきに述べたように、額田紡績組合の盛運にあい、ガ

額田紡績組合の現状

ラ紡機の発明家である辰致に敬意を表わすとともに、この地のガラ紡業の現状と各工場の実情を視察してもらい、その指導を得ることであった。この時額田紡績組合より辰致へ提出した書類には、組合の現状を記して、

一、製造村落　合計八拾八ヶ村
一、製造主　合計八百五拾五名

甲村滝三郎

一、紅男女　合計弐千百名
一、綿持工　合計千百名
一、機械紡錘　合計弐拾壹万三千四百六拾箇
一、一日製額　合計千弐百八拾貫五百目（壹紡錘六匁ツツ採ル見込）

一、一日売上金　合計金貳千百三拾四円四拾銭
一、壹ヶ月売上　合計金六万四千三拾貳円
一、壹ヶ年売上　合計金七拾六万八千三百八拾四円

とある。

この時折あしく、干天続きで河水が乏しく、水車の運転不能な場所も少なくない状態であったが、大平村（いま岡崎市）柴田工場その他を視察して、技術指導を行った。

技術指導を行う

辰致は三河におけるガラ紡の盛んな有様を眼のあたりにみて、感慨無量なものがあったであろう。

新しい考案

辰致は滞在すること四十日、おもに岡崎康生町の人力工場の二階で過したが、この間紡機の改良について甲村らと真剣な討議を重ねた。すなわち、紡機の改良に一生を捧げようとする辰致の考究心と、紡機を如何に実際に活用し、ガラ紡を発展させるかについて肝胆《かんたん》を砕く甲村滝三郎を指導者とする三河の業者の熱意は、

たびたび滝山寺の庫裡《くり》の一室の会合となり、紡機の改良について話し合いが行われた。

辰致は滞在四十日、その間に滝三郎らとの話し合いにヒントを得て、新しい考案に到達した。それはこれまでの紡機の弱点を矯正《きょうせい》したものであったので、岡崎その他の紡機大工を指導して一機をつくり上げ、試運転したところ、その結果は極めて良好であった。辰致は滝三郎と図り、新しい紡機の特許申請と、紡機製作の事業化について周到な計画をねった。

やがて八月下旬、辰致は滝三郎をはじめ役員らに惜しまれながら、再来を約して信州の波多村へ帰っていった。辰致の往復したのは伊那街道で、この道は、信州と東海とを結ぶ道として最も近く、江戸時代には、松本をはじめとする信州の都市と、名古屋・岡崎・吉田(いまの豊橋市)の間を、馬で商品をはこぶ中馬《ちゅうま》という運輸業が発達した道である。元禄年間(一七〇〇ごろ)から盛んになり、信州からは木地類・

たばこ・干柿・薬種・まゆ・生糸などを運び、信州へは塩・茶・魚・綿などいれたこの道は、明治になって、辰致の技術を信州から三河へ伝える経路となったのである。

まことに、ガラ紡機の発明家臥雲辰致、そしてそのガラ紡機を実際に利用し、産業として発展させた経営者としての甲村滝三郎、この二人の力は、信州と三河とを結びつけ、ガラ紡は三河に発展したのである。

六　ガラ紡機の特許を得る

信州の波多村へ帰った辰致は、はじめからの同情者・後援者であり、さきに松本連綿社の同志であった居村《きよそん》の武居正彦《たけい》を訪れて、新しい熱意をこめて発明の内容を説明し、三河におけるガラ紡業の隆盛を伝え、その有望なことを説いて援助を求めた。武居は中村敬宇《けいう》について学び、漢学にたしなみの深い文化人であり、

再び三河へ

資産家でもあったが、辰致の熱意に心を動かし、同年初秋のころ、ともに三河の常盤村に甲村滝三郎を訪れたのであった。

新案紡機の特許出願

臥雲辰致・甲村滝三郎・武居正彦の三人は、熟議の上、明治十八年公布された「専売特許条令」に基づき、新しく発案した紡機の特許を申請することをきめた。所要の書類を、関係者の間で整え、明治二十一年十月十日付で東京市庁を経由して、農商務大臣宛「綿糸紡績機械専売特許申請書」を提出した。この申請に対する辰致の抱負と自信は大きく、明治二十一年十一月一日付で提出した「特別審査願」には、つぎのように記されている。

明治二十一年十月十日付ヲ以テ、御庁ヲ経由シ、専売特許ノ義ヲ其筋へ出願致シ候綿糸紡績機械ノ義ハ、綿糸紡績上頗ル有益ノ品ニ有レ之、一朝此品民間ニ普及致シ候上ハ、広ク細民《さいみん》ノ一業ト相成ルノミナラズ、或ハ外国製ノ紡績機械ト競争スルニモ立至リ申スベク、実ニ御国益ノ筋ト確信致シ候。抑《そも》モ和製綿糸紡績機械ノ義ハ、私共ノ発明ニ有レ之、去ル明治十年御開設ノ第一回内国勧業博覧会へ出品シ、鳳紋《ほうもん》賞牌ヲ拝受（臥雲辰致一名ノ名義ニテ拝受セリ、以下同ジ）シ、同十四年第二回内国勧業博覧会へ出品シ、進歩二等賞牌ヲ拝受シ、同年中褒賞条例ニ拠《よっ》テ、第九号ヲ以テ藍綬《らんじゅ》褒賞ヲ拝受セリ。右ノ履歴ト、其ノ必要トニ依テ、現今ニ於テハ其使用殆ド全国ニ普《あまね》ク、就中《なかんずく》其最モ行ハル、地方ヲ愛知県三河国トス。該《がい》州ハ近年其特有物産ナル生綿《きわた》ノ全部ヲ紡績シ、猶《な》オ元（原）料ニ不足ヲ生ズルヨリ、毎歳貳、参拾万円ノ生綿ヲ他国ニ仰グノ盛況ニ御座候。然ル処、今般改良機械ノ発明アリシ説該州ニ伝播《でんぱ》シ、為メニ改良機械ノ購入又ハ従来ノ機械ヲ改良機械ニ改造等ノ義ヲ申シ込ムモノ続々有レ之、従来ノ機械ハ措《おい》テ顧ミルモノナキガ如シ。故ニ従来ノ機械ハ頓《とみ》ニ其販路ヲ失シ、順《したがっ》テ該事業ノ職工ハ徒《いたずら》ニ手ヲ拱《こう》シ居リ候状況ニ御座候故ニ、此儘曠日《こうじつ》ヲ経過スルトキハ、啻《ただ》ニ綿糸ノ製額ニ影響ヲ来スノミナラズ、或ハ活路ノ一途ヲ欠キ、之ガ為メ窮困ニ陥イルモノナカラン哉《か》ト深ク憂慮致シ候得共、改良機械ノ義ハ目下専売特許出願中ニシテ、需要者ノ求メニ応ジ難ク候。依テ一日モ早ク特許ヲ仰ギ、自他ノ便益ヲ相営ミ度、就テハ重々恐入リ候次第ニ御座候得共、出願ノ順序ニ拘ハラズ、特別ノ御詮議《ごせんぎ》ヲ以テ、迅速《じんそく》御審査相成様、其筋ヘ御申立成シ下サレ度、此段奉二願上一候也。

明治二十一年十一月一日

東京府本郷区湯島梅園町壹番地服部庄九郎方同居寄留

長野県平民　臥雲辰致

同府同区同町同番地同人方同居寄留

同県平民　武居正彦

同府同区同町同番地同人方同居寄留

愛知県平民　甲村滝三郎

東京府知事高崎五六殿

この特別審査願は、特許出願後その認許促進のため、臥雲辰致・武居正彦・甲村滝三郎の三人が上京し、東京府庁を経由して提出したものである。この特別審査願の中に、紡機の改良点について、「今般改良機械発明の説該州に伝播し、為めに申込む者続々あり、従来の機械は顧みる者もないようである。」とまでいっているように、余程の自信があったようであり、紡機の性能の上に一新紀元を画する程のものであったであろうことが想像される。

上京

この時、専売特許獲得に要する経費の分担、将来の利益の配分等について、つぎのように予定している。

特許獲得後の計画

利益その他の部分の歩合は、機械一台につき何銭の天刎《てんは》ねを廃止して、

臥雲　　五分

協力社　　三分

武居　　二分

右専売等の費用の負担は、八分を協力社、残り二分は武居持

専売願書は臥雲・甲村二名

機械売買は協力社中百六十名は原価

額田組合員は貳割五分増、他郡及他団員は五割増

しかし特許局の審査は容易にはかどらず、武居・甲村は一旦帰郷し、辰致一人残って認許を待った。

願人記載順序変更

明けて明治二十二年五月、辰致の発意によって、三名連署の上、願入名儀の記載順位を甲村滝三郎と臥雲辰致と変更するよう農商務大臣に願い出ている。これがどのような理由によるものかははっきりしない。

辰致の滞在した先は、はじめは本郷区の湯島梅園町であったが、武居・甲村帰郷の後は、日本橋区西河岸町十三番地の四海一達という人の家で、ここは辰致が

少年のころ、手習を共にした際の学友の一人の家であったといわれる（辰致の二子、須山家佐雄氏談）。

この間にも特許の認許はなかなか下りず、辰致は漫然と滞京することもできないので、五月下旬に三河へ連絡のため帰ってきた。落ち付いたところは、岡崎材木町の紡織大工である加藤文次郎方であった。加藤は、さきにも記した「六名懇親社」の一員であり、そのころ羽振りのきいた機械大工であった。ここを訪ねたのは、前年額田紡績組合へ招請された際、加藤に紡機の改良試作を依頼したことがあるので、その縁故によったものであろう。

やがて加藤家を辞去した辰致が、日本橋西河岸町の友人の許《もと》へ戻ったか、郷里の妻子の許へ帰ったかははっきりしないが、同年八月一日付特許局審第三三八七号をもって達せられたのは、出願の書類中に不完全な点があるから、至急訂正書を差し出すべき旨の通知書であった。特許局長官からの訂正通知書に対して、提出されたであろう訂正明細書の内容は、資料が散逸して知ることはできない。

尾三地方大水害

ところがこの年九月、尾三《びさん》の地方(愛知県)をおそった大暴風雨は、これまでにない大損害を与えた。矢作《やはぎ》川支流の水車工場などで、倒壊あるいは流失するものが多く、職工で溺死する者も出て、業界の被害は相当大きかった。

待望の特許を得る

しかしこの時、九月十三日、待望の紡績機の特許を得ることができた。申請人は、前に記したように甲村滝三郎・武居正彦・臥雲辰致の三人であった。永年にわたって積み重ねてきた苦闘が、ここに報いられてみると、辰致にはまた新たな力が湧いた。

辰致は、三河と信州との間を往来して、紡機の改良についてさらに画策し、同年十月には、当時額田紡績組合の有力者であった額田郡奥殿村(いま岡崎市)細井浜吉、信州波多村の武居正彦らを糾合《きゅうごう》して、特許を受けた紡機の製造販売を目的とした一社を創立することになった。この時販売をもくろんだのは、綿筒一二〇箇付・一五〇箇付・一八〇箇付の三種類であった(業務執行規則)。

この事業の成果ははっきりしないが、ようやくにして紡機の専売特許を得た辰致が、新たな情熱をこめて活躍したであろうことは、十分に推察できる。しかし辰致自身としては、その発明したガラ紡機について、専売特許の恩恵を満足に受けることはできなかった。ガラ紡機はもはや全国に普及し、彼の発明をもとに更に改良を加えたものが利用されていたからである。

専売特許の恩恵を受けず

七　改めて改良紡機の特許を出願

再び特許を出願

明治二十三年にいたって、ガラ紡機の改良点について、辰致は改めて特許の出願を行った。あくことのない発明の情熱は、更に新しい考案をひき起したのである。このたびの出願は、糸の細太を容易に加減し得る装置にあったが、これはすでに三河地方にひろまりつつあった「改良調節法」と通ずるものであった。この「改良調節法」というのは、碧海郡堤《つつみ》村(いまの豊田市)の中野清六の発明と伝えられ、こ

改良調節法

れまでの紡機が極めて原始的な方法によって、一錘ずつ糸の太さ・細さを調節していたのを改良し、二五錘から三二錘の一と間《ま》を一斉《いっせい》に調整することができるようにしたものであって、単に糸の番手の調節上好成績であるだけでなく、労力を節減し、能率を増進し、業者に利益を与えることが大きな発明であって、これも、辰致と三河の紡機製造業者との関係からみて、辰致の影響を受けたものではないかと思われる。ともかくこの発明は、当時ようやく全面化しようとしていた洋式紡績の圧力からガラ紡を守り、ついで来るべき原料転換による新しい活路への、過渡時代を支

第一図

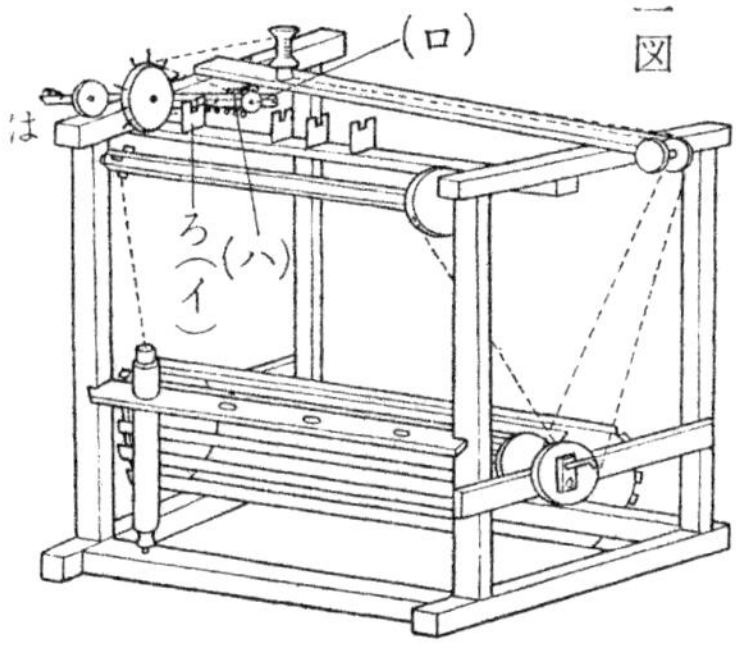

第二図

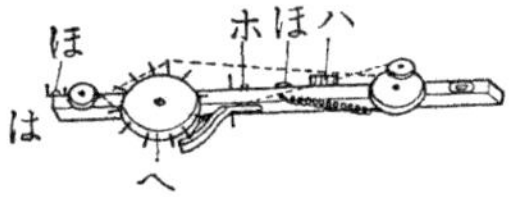

改良紡機図

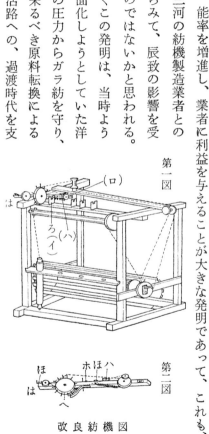

える役目を果したのであった。

さて再度の出願に対して、同年九月重ねて明細書を訂正するよう示達があり、辰致は一旦病気のため提出期間の延長を申請したのち、十二月十五日付「訂正明細書」の図面を添えて提出したのであった。

辰致の発明した糸の細太を容易に加減することのできる器械は、その明細書の中に、

糸の細太を加減し得る装置

故ニ糸ノ細太ヲ加減セントスルトキハ、錘ヲ推引《すいいん》シ、拮皐干《きつこうかん》ノ一端スナハチ円鋳《えんちゆう》ヲ取リ付ケタル方ノ俯仰《ふぎよう》ヲ適度ナラシムベシ。コレヲ仰向《あおむ》カシムルコト多キトキハ、容易ニ俯向《うつむ》カザルヲ以テ、綿ヲ紡《つむ》ギ出ス事多ク、スナハチ糸ヲ太クナラシム。コレニ反シテ、コレヲ仰向カシムル事少キトキハ、糸ヲ細クナラシムル事ヲ得ルナリ。私改良セル部分ハ、右ノ如ク糸ノ細太ヲ加減シ得ル所ノ装置ニ係レリ。

とあるように、一部の改良であった。

ガラ紡の危機

このように、辰致がガラ紡機の改良に心血《しんけつ》を注いでいる間、ガラ紡は大きな危機に直面し、苦境を切り抜けるのに呻吟《しんぎん》していた。元来、明治十年代において、ガラ紡が全国の手紡車《しゅぼうしゃ》にくらべて、その性能が画期的にすぐれていたことと、当時国内の経済力の上昇発展に伴って、綿糸布の需要が飛躍的に増大したにもかかわらず、これに応ずる洋式紡績工場が十分建設されなかったので、ガラ紡は、その間隙を埋める役を果して好況を呈したのである。したがって、明治二十年代に至って大資本を投じた洋式工場が次々に出現し、しかもこの時期の紡績工場は、

優良な洋式紡績

初期の工場がたいてい動力源に水力を使ったのに対して、火力を使用するようになり、機械もミュール機からリング式にかわり、能率も上っていたので、これらの工場が優良な製品を売り出すに及んで、ガラ紡はその品質・生産価格において洋式紡績に対抗できず、ようやく衰退の傾向にあった。すなわち、わが国の紡績

業が近代的大工業として確立される過程において、ガラ紡は近代的紡績工業の対抗者として、手紡についで当然克服される運命にあったのである。

愛知県地方では、明治十八年から名古屋地方に大規模な洋式紡績会社が続々と建設され、さかんになるに反して、ガラ紡は逆境を迎えるようになり（旧版『愛知県史』第十篇）、静岡県地方では、これまではガラ紡糸を用いたのが、織立《おりたて》の出来のよくないところから、たて糸には洋式紡績糸を用い、臥雲糸はよこ糸に用いるようになった（明治十八年刊『綿糸集談会記事』）。三河地方でも、明治二十二年頃までは、ガラ紡糸は知多郡をはじめ付近産地の晒木綿《さらし》のよこ糸として使用されていたが、この年からこれらの地方の織布業者が、ガラ紡糸の使用

（第8表）　紡績工場並に錘数増加表（明治12〜23）

年　度	工場数	錘　数
明治12年	3	8, 344
13	5	12, 792
14	10	22, 792
15	13	28, 792
16	16	44, 444
17	19	50, 444
18	20	79, 264
19	20	81, 264
20	19	84, 428
21	24	129, 376
22	33	267, 264
23	39	358, 184

（日本綿業倶楽部編『綿業年鑑』による）

をやめて、たて、よこともに洋式紡績糸を使用することとなった結果、ガラ紡はたちまち販路に大渋滞を来し、業者は非常な苦境に陥った（明治二十二年度『額田紡績組合報告書』）。

三河ガラ紡の廃業者相つぐ

このようにして、明治二十一年から二十五年にいたる五ヵ年間に、三河ガラ紡業者の廃業する者が続出し、表のように、明治二十年を頂点として、二十一－二年以降は急激に下降し、二十四年度には組合員わずか一九六名、錘数六七、〇二五錘、産額は一〇四、三六〇円となった。いずれも半減またはそれ以下の数である。業者の苦悩は大きく、この期間に、三河を除く全国各地のガラ紡はほとんど全滅に近い運命に見舞われたのであった。

（第9表）　三河ガラ紡経営状況（明治21～26）

年　代	組合員数	職工数	紡錘数	生 産 額	生産価格
明治21年	481	612	112,290	286,334貫	455,800円
22	376	508	107,281	270,340	433,364
23	208	203	70,172	202,650	298,585
24	196	161	67,025	106,435	104,360
25	206	241	74,618	186,530	237,050
26	239	378	103,871	299,340	346,618

（前掲『三河紡績糸』による）

このことは、半面からみると洋式紡績業の発展であった。明治十九年一月から実施された日本銀行券の発行によって、明治の通貨政策は軌道にのり、通貨の安定を基盤として、日本は本格的な産業発展の春を迎えていたのであって、これから日清戦争に至るまでの期間が、全般的な産業発展の時期で、とくに紡績業は異状な躍進をつづけていた。

一方ガラ紡業は、後に述べる原料の転換と、それに伴う機械設備の改良により、画期的な転換を行って、近代的紡績業と共存し得る独自の境地を開拓するに至るまで、苦難な道を歩むのである。

特許は得られない

辰致の考案した、糸の細太を容易に加減し得る改良紡機は、結局特許は得られなかった。しかしそれはしだいに三河地方に普及し、中野清六の発明と伝えられる改良調節法の採用と、さらに岡崎町連尺《れんじゃく》の中条勇次郎の発明による三ッ行燈《あんどん》式打綿機の採用普及など、技術上の改善進歩によって、ガラ紡の生産を高め、工費を節約して、その存続の素地はつくられていった。

このあいだにも、自然の災害は、幾度も試練を与えることを忘れなかった。明治十七年の大雨は、この地方一帯に大きな惨害を与え、さきに述べたように、二十二年秋三河・尾張(愛知県)地方をおそった大暴風雨は、さらに水車紡績・舟紡績に壊滅的被害を与え、これに加えて洋式紡績の圧迫は、ガラ紡の沈衰期をもたらした。

ガラ紡の沈衰期

こうした苦境の中で、三河のガラ紡業者がえらんだ道は、原料手当に自己資金を必要とせず、しかも製造した糸の販路に危険の全くない工賃制であった。すなわち岡崎町の綿糸商がガラ紡へ資本進出することによって、この傾向はより強まった。岡崎町の綿糸商は、みずからガラ紡を経営するか、請負制度

(第10表) 綿花生産高(明治11～20)

年度	実綿生産高
明治11年	89,218,906斤
12	130,916,156
13	89,014,025
14	90,509,163
15	86,371,138
16	104,633,007
17	97,120,269
18	—
19	—
20	139,928,689

(農商務省農商務局編「綿花に関する調査書」大正2年刊による)

下請賃加工制度

によって、ガラ紡の経営者を自己資本の下に従属させて、工賃制度を強化し、これを全面的にひろげていった。綿糸商人が、製綿または紡績を委託するばあいは、その請負業者に委託し、一定の工賃を約束して製綿または紡績させ、原料の種類および配合の割合は、すべて綿糸商の指定にしたがうことにした。したがってガラ紡業者は、その後長いあいだ、下請賃加工の立場に甘んじ、産業資本としての成長を阻害されたのであるが、その半面、問屋制工業の弾力のあるしくみによって、ガラ紡は衰滅の一歩手前で立直り、やがて来るべき陽春時代への命脈を保ち得たのである。

(第11表) 全国ガラ紡糸生産高表 (明治25・26年)

生産県	明治25年	明治26年
愛知	225,484貫	256,278貫
大阪	43,727	42,801
埼玉	37,780	57,768
静岡	14,697	12,613
兵庫	13,319	29,469
茨城	3,345	7,022
全国	361,203	438,367

(吉田茂夫講述「ガラ紡に関する常識」)

「額田紡績組合」は明治二十三年第三回内国勧業博覧会へ綿糸を出品して褒賞

を受け、さらに製品の改良・販路の拡張を図るため、明治二十五年には審査所二ヵ所を設けて、原料の点検および量目の検査を行って、その声価の維持につとめたのであるが、それもガラ紡存続への一つの努力であったのである。

このころのガラ紡の生産を全国的にみると、前の表のように、愛知県は全国の六割強を占めている。

第五　晩年の臥雲辰致

一　蚕網織機の発明とガラ紡業の転換

蚕網織機の発明

辰致は、明治二十四年より妻の郷里波多村へ定住した。しかし発明への情熱は消えることなく、紡機・織機の改良に力をつくすとともに、蚕網《さんもう》織機・七桁《けた》計算器・土地測量器などの考案を完成した。

信州地方は、養蚕の盛んなところであるが、その飼育法は幼稚で、労力を徒費することが多かった。蚕網は養蚕業の発達にともない、明治前後から松本町（いまの松本市）や波多村などで生産されはじめたといわれるが、はじめのころは、家庭用の衣類製作の高《こう》織機を利用し、手加減による寸法で、農家の副業として生産されていた。したがって網目は一定せず、生産能率も極めてわるかった。

第三回内国勧業博覧会に出品

辰致はこの点に着目し、蚕網織機の改良に意を注いだ結果、明治二十三年はじめに至って、外国式バッタン織機を応用した新しい織機を発明することができた。この織機は、これまでの十五倍の生産能率をもち、そのうえ網の綟《もじり》数を目の大小に応じて思うように、増減できる機械であった。これは、同年七月東京市で開かれた第三回内国勧業博覧会に出品し、「製作佳良ニシテ蚕家ニ利便ヲ与フベキモノトス。然レドモ、機械ニ添付シタル網ノ材料ハ木綿ニシテ、実用上或ハ不可ナラン。此材料ヲ麻枲《まし》ニ代ヘバ実際ニ便ナルベシ。」の評を受けた（『明治二十三年第三回内国勧業博覧会審査報告書』）。この機械の製造販売によって、不遇であった辰致の発明生活にも多少のゆとりをもつことができた。時に辰致は四十九歳、長い発明生活は、彼が苦心を重ねたガラ紡機によっては報いられず、蚕網織機によってわずかに報いられたのである。この機械は、信州地方の蚕業に貢献するところが多く、大正八年（一九一九）松本市蚕網製造組合の産額は、七十万円に達している。

彼の末子臥雲紫朗氏の語るところによると、この蚕網織機を運転するために、その動力として発電所をつくることを計画し、まず波多村の近くにある小さな滝に目をつけ、その山を買おうとしたが、資金が足りず、この計画は実現しなかったという。

七桁計算器

また七桁計算器は、木製の歯車を利用した十進法計算器であるといわれているが、その使用法は詳らかで

七桁計算器

同上内部の構造

土地測量器

はない。土地測量器は、明治八年の地租改正の折考案して実用に供したものを、その後さらに改良したもので、簡単な木製器である。

家屋普請

蚕網の事業化がやや成功すると、辰致は、波多村の川澄家の近くに土地を買収し、居宅を兼ねて営業所を建設し、蚕網の製造販売のしごとを行った。長子俊造・二子家《け》佐《さ》雄《お》などその業を扶《たす》け、家運はようやく挽回《ばんかい》したのである。この家屋普請《ふしん》の際、床カマチの左右に一寸五分の狂い

臥雲辰致の家

を一見して発見し、大工を閉口させた話も残っている。

さてこのころ、辰致の発明した器械によるガラ紡は、大きな転換を迎えていた。いったいガラ紡は、その生産工程が簡単であるだけに、つくり出される糸は太くて節があり、洋式紡績糸のように、細くて均一な太さに紡《つむ》ぐことができなかった。この根本的欠陥は、辰致がその生涯を通じて努力しても改良できず、そのためガラ紡は洋式紡績に圧倒され、しだいに衰退を余儀なくされていったのであるが、その不況のどん底すなわち明治二十六年に、ガラ紡はその特質を生かす道を発見したのである。その一つは、紡績工場の落綿を原料として使用すること、もう一つは、これらの原料を使用して、綿毛布や綿段通《だんつう》(敷物地の織物)などのよこ糸を製造することであった。

落綿の使用

紡績工場から出る綿屑、これは廃物であるので、普通の原綿を使用するのにくらべて、安い原価で製品をつくり出すことができた。そして、これらの原料によってつくり出された太い糸こそ、綿毛布や綿段通のよこ糸として最も適していて、それは洋式紡績糸の及ばない性質のものであり、ガラ紡独特のものであった。このほか綿フランネル・足袋底・帆布用などの太糸もさかんにつくられた。

インド綿の輸入

このように、ガラ紡が原料の転換をしていたころ、洋式紡績も、その原料を内地綿から外国綿に換えていた。これは明治二十年代にかけて、内地綿が衰えかけていたことと、洋式紡績の発展によって原綿が欠乏するようになり、原綿が高騰していったことによるものである。はじめ中国綿の輸入が行われたが、中国綿は収穫が不確実で価格の変動が甚だしかったので、さらにインド綿に転換している。インド綿の輸入による、二十番手以上の細番手の綿糸をつくり出したことは、国外市場で欧米の製品と張りあい、とくに清《シン》国に向けてめざましくのびていくことになり、明治二十三—四年にわたる恐慌《きょうこう》を切りぬけるのに役立った。

これよりさき、大日本紡績連合会は、外綿をより廉価に輸入しようとし、明治

綿花輸入関税撤廃

二十一年、綿花輸入関税撤廃運動をはじめた。これはいっぽうに綿作で受ける農民の利益を犠牲にすることになるので、大日本農会の反対を受けたが、二十九年にいたって、議会の承認を得、輸出向の紡績業を発展させることになり、わが国の綿業は躍進をたどっていった。

すなわち、綿糸の輸入は、明治二十一年を頂点として、しだいに減少し、輸出は明治二十三年を最初として、おいおい増加し、ついに明治三十年から輸出超過となった。かつて幕末のころ、島津斉彬《なりあきら》が、一綛《ひとかせ》の綿糸を前に、「これこそ将来必ずわれわれの膏血《こうけつ》をしぼるであろう。」と憂えたことば(絹川太一 前掲書)をもとに発足したわが国の綿業が、「富国強兵」の旗印のもとに、官民の協力によって、先進国

(第11表) 綿糸輸出入額表
(明治21〜30)

年度	輸入(千円)	輸出(千円)
明治21年	13,611	
22	12,522	
23	9,928	2
24	5,589	7
25	7,731	7
26	7,284	59
27	7,977	955
28	7,082	1,034
29	11,381	4,029
30	9,625	13,490

(前掲『綿業年鑑』による)

であるヨーロッパの国々やアメリカに対抗して、着々と発展したのである。

ガラ紡も、その創生時代、すなわち明治一〇—二〇年代の原料は、おもに三河・尾張(ともに愛知県)・遠江(静岡県)の産綿であったが、それが中国綿となり、明治二十六年に洋式紡績の落綿の使用という新しい原料の発見によって、その運命を切りひらいていったのである。

撚掛機の普及

またこれとともに、技術上の改善も行われ、明治二十五年額田紡績組頭取甲村滝三郎が考案した両側四十錘を一台としたガラ紡糸用の撚掛《よりかけ》機の普及などがあった。

このようにして、洋式紡績の圧迫からその体質を改善し、更生したガラ紡は、そののち発展する洋式紡績と平行して、和式紡績としてその分野を守っていった。そしてこれこそ、ガラ紡がその本来の特質を生かし、新しい時代の中に生きる道でもあったのである。

二　発明の遺徳

辰致の発明したガラ紡機は、いまや全国に普及し、その特質を発揮して、さかんに生産をつづけるようになった。蚕網織機の発明も完成し、家業もようやく挽《ばん》回《かい》の機運にむかい、四人の子供はそれぞれ成人して家業を助けた。発明の恩恵は世にあまねく、辰致の不撓《ふとう》不屈の努力と、その発明に対する功績を称《たた》える者が、つぎつぎにあらわれた。

修身教科書の教材

まず、辰致の発明に対する不屈が、次代の子供たちの生きた教材として、数多くの教科書に、その業績が記載されるようになった。すなわち、『実験日本修身書巻六高等小学生徒用』（明治二六年発行、渡辺政吉著、金港堂発行）、『小学修身経高等科生徒用巻一』（明治二七年発行、天野為之編、富山房発行）、『同教師用、高等国語読本巻六』（明治三三年発行、金港堂編発行）などがあり、窮乏の生活のうちにあってもこれに屈せず、忍耐してついに発明をなしとげたことを教えている。試みに、

『小学修身経 高等科 教師用 巻二』を開いてみると、つぎのように記されている。

第二十八課　臥《が》雲辰致《うんしんち》の忍耐

本課の大意

臥雲辰致が紡績機械の製造に力を尽しゝを述べ、以て前課訓辞の意を紹《つ》ぐ。

臥雲辰致器械を剏造《そうぞう》す

臥雲辰致は、信濃国南安曇郡信濃村の人なり。幼名を栄弥と呼び、襪《たび》の底を織るを以て業とせり。一日以為《おもえ》らく、此等の細事に衆力を費さんより、一器械を発明して人力を省かんには如《し》かずと。是より日夜心力を尽し、先ず粗造の器械を製し、父兄に示すに、父兄無用なりとて顧みず。旧幕の時代、物の改良発明に心を注ぐものなかりしかば、栄弥以為らく、凡俗と伍を為さんよりは、寧ろ僧となりて世人の上に立たんと。同郡嶋《(烏)》川村安楽寺に入り名を知栄と改めたり。時に年二十なり。後七年遂にその末寺臥雲山孤峯院の住職となりしが、王政維新、万事改良を促す時になりしかば、還俗《げんぞく》して臥雲辰致と称し、再び器械の製造に従事して、紡績の一器械を製造し、専売特許を筑摩県庁に請ひたり。然れども、たゞ其発売を許さるゝのみにて、専売の特許を得ざりしゆゑ、是れ未だ其器の完全ならざるによるなりとて、又心を尽して之を改良し、松本開産社に出品したり。この時も顧る人なし。明治十年内国勧業博覧会に出品し、進歩賞二等賞を得たり。然れども未だ専売特許を得ざるを以て、利益は却《かえつ》て擬造者の占むる所となり、貧窮日に甚しく、その妻子を妻の生家に托し、単身にて東京に出で、器械の改良に従事せんと欲せしが、資金全く竭《つ》きて衣食を得るに道なきに至れり。博覧会の審査官某深く之を愍《あわれ》みてその家に招き、衣食と資金とを給して其業をなさしめたりと云ふ。明治十六年、朝廷よりその功を賞して緑綬褒賞を賜はりたり。

教授上の注意

蚕業は我国第一の国産たることを教へ、紡績器械の甚だ必要なる所以《ゆえん》を訓《おし》ふべし。辰致の生国信州は蚕業の盛なる国なり。これ等をも説話すべし。

格言

窮困は創造の母

西洋の古諺《こげん》なり。創意発明等多くは困苦を忍ぶより成りいでしをいふ。

設問ノ要項

一、辰致ノ生国及ソノ忍耐ヲ守リシ次第。

二、格言ノ意。

三、紡績器械ノ必要ナル所以。

その他の読み物にも

内容に一―二の誤りはあるが、指導のねらいは理解できる。このほかに読物として、『実業人傑伝』(明治二九年発行、広田三郎著、金港堂発行)・『明治忠孝節義伝』(明治三一年発行、杉本勝二郎編、国之礎社発行)などがあり、いずれも辰致の功績をたたえている。

辰致の努力と発明の功績に対して、物質的に報いられたものは十分ではなかったが、精神的な面では、辰致の晩年は豊かなものであったであろうと思われる。

蚕網織機の特許

辰致がさきに発明した蚕網織機は、明治三十一年十一月、宮下祐蔵・川澄俊造（辰致の長子）・徳本伊七の名で特許が与えられた。

発病

明治三十二年の初夏、辰致は体に変調を感じた。隣村の新村（いま松本市）の波多腰医師について診察を請うたが、病気は悪性の胃病であったため、徐々に衰弱が加わり、そのうち心臓病を併発して、ついに病床に臥すようになった。

東京彰善会の頌徳

明治三十三年二月、東京彰善会は、辰致の功績に対して、つぎの頌徳《しょうとく》状を贈って褒めたたえることになった。

頌徳状

臥雲辰致君

機械の発明は人力を省き、人力を省かば公衆に利益を与え、世の文明を補ふことまことに大なり。されど、一小器械を発明するは決して容易のわざにあらず。いはんや大器械をや。そもそもしのぶ可からざる苦痛を忍び、堪ゆべからざる艱難に耐ゆるにあらざれば、いかでかこれを成すことを得む。臥雲辰致氏が綿糸器械の発明のごとき、歳月を経むこと実に二十余年、数十回の改善を経て、その功を完ふすることを得るは、真に公衆を利し、文明をたすけ、信州の工芸史上に一大光彩を添へるものと云ふべし。されど曩《さき》には官藍綬褒賞を賜ひ、今はまた有志の人々この旌表《せいひょう》式を挙げて、その善行を賞せる。まことに故ありといふべし。かるが故に、わが彰善会は規則第九条によりて、氏が名を善行名誉録に登載し、且此状を贈つてその善行を頌《しょう》す。

明治三十三年三月

彰善会長従三位勲一等男爵　高崎正風

この頌徳状は、同年三月彰善会から波多村へ派遣された会長代理によって、病床の辰致におくられた。

病臥すること一年、明治三十三年六月二十九日午後九時、家人に看取られながら、発明家としての波瀾に富んだ一生を終えたのであった。

死の前日、気の合った波多腰医師を枕辺に招いて、低い声で詩を吟じ、経典の話などしてひと時を過し、考案半ばの器械の図面に見入ったりしていたが、翌日早暁から容態が急変したという。死の床に居合せたのは、辰致の発明生活を扶《たす》け、共に苦労を重ねながら、子弟を養育した多け夫人と、二男の家佐雄であった。

臥雲辰致の墓

辰致の日常生活

辰致の遺骸は、波多村上波多にある川澄家の墓地に埋葬した。享年五十九、戒名を真解《しんげ》脱《だつ》釈臥雲工敏清居士《こじ》という。

辰致は数理的頭脳にすぐれており、一つの着想を得ると、ほとんど寝食を忘れて考案にこり、ついにそれを完成するという風であった。家人の話では、日常生活はきわめて規則正しく、早朝には起床していたという。また酒やたばこを用いず、常に考案にこり、発明を趣味として暮したようにも思える。子女に対しては極めて厳格であった半面、慈愛深く、万一の危険を考えて、子供の枕元にランプを置くことを禁じたという。また決して大声で叱りつけるようなことはせず、話してきかせるという風であったともいう。

辰致の死後しばらくして、大正四年、東京六盟館発行の『実業修身教科書』(井上哲次郎編)には彼の発明の功績をのせ、また大正七年発行の「当世百番付」が、その発明家番付の前頭《まえがしら》筆頭に、タカヂアスターゼの高峰譲吉博士と相対して、綿

辰致の家族

晩年の多け夫人（左端）
中央は辰致の孫聡雄

糸機の臥雲辰致をのせているのも、その発明の功績がいかに高く評価されているかを物語っている。

夫人の多けは、天寿を全うし、八十二歳の高齢でなくなり、戒名は真解脱釈浄容妙念清大姉《だいし》といい、辰致の墓と並んで葬られている。長子俊造は、母方の川澄姓を名乗って、波多村に農を営み、二子家佐雄《けさお》は、須山家をついで松本市に住み、三子万亀三《まきぞう》は南安曇郡樟《くすのき》村の樋口太門の養子というように、それぞれ近くの豪農の家に養子にいき、末子紫朗《しろう》が臥雲姓を名乗っている。

三　ガラ紡業のその後

辰致は明治三十三年に永眠した。その苦闘にみちた発明生活は、その後のガラ紡業者に深い感銘を与えている。しかし、その後のガラ紡業は、どのようなうごきを示したであろうか。

ガラ紡技術の改善

前に述べたように、明治二十六年、ガラ紡は洋式紡績の落綿を原料として使用しはじめ、太糸の製造に転換して更生したが、明治二十七年には、甲村滝三郎がこれまでの往復運動によるイナズマ・フケイを改めて、廻転運動による混綿方法を考案し、さらに明治三十年には、近藤角三郎が、これまでの三ツ行燈《あんどん》に一歩をすすめた七ツ行燈打綿機を考案し、さらに撚子《よりこ》巻機の発明に成功し、これが普及することになった。

このあいだ、明治三十六年、第五回内国勧業博覧会に紡糸多数を出品して、二

（第12表） 三河ガラ紡経営状況（明治27〜大正1）

年　代	組合員数	職工数	紡錘数	生　産　額	生産価格
				貫	円
明治27年	241	305	105, 030	305, 410	357, 375
28	248	317	106, 880	361, 842	431, 288
29	255	408	113, 800	425, 000	726, 400
30	275	417	114, 800	435, 280	739, 206
31	239	437	91, 989	478, 224	689, 229
32	198	427	107, 281	512, 258	732, 530
33	197	589	—	555, 072	815, 878
34	255	712	114, 300	617, 220	934, 200
35	247	752	123, 400	666, 360	1, 025, 170
36	216	702	114, 000	586, 740	902, 150
37	204	627	122, 130	548, 700	823, 050
38	175	782	145, 500	697, 500	899, 975
39	188	1, 180	150, 000	910, 000	1, 723, 600
40	208	1, 208	158, 050	901, 300	1, 445, 000
41	190	900	130, 800	761, 800	1, 035, 278
42	195	1, 200	153, 200	855, 000	1, 366, 170
43	185	1, 120	136, 000	767, 000	1, 326, 249
44	182	1, 120	121, 300	917, 100	1, 318, 357
大正 1	234	1, 155	173, 000	1, 235, 700	1, 821, 886

（前掲『三河紡績糸』による）

三河紡績組合

等賞銅牌を受け、翌明治三十七年、額田紡績組合は「三河紡績組合」と改称した。

廻切機

この際ガラ紡にとって、とくに重要な意義のあることは、打綿技術の革命的な進歩である。これは、在来の三ツ行燈による作用が、往復運動であるため、速度がおそく生産能率が低かったのに対して、近藤角三郎・鈴木次三郎などがその改善に没頭し、明治四十年から四十五年にいたる間に、廻切機の発明を完了したことである。この機械は、大正元年ころから業界に普及し、生産向上に多大の貢献をしたのであるが、糸屑・襤褸《ぼろ》を弾綿して、

(第13表)　三河ガラ紡経営状況(大正2～9)

年　代	組合員数	職工数	紡錘数	生 産 額	生産価格
				貫	円
大正2年	246	678	150,000	977,800	1,147,394
3	231	472	180,000	595,390	625,834
4	220	673	190,000	681,300	1,225,030
5	222	975	200,000	953,000	2,720,633
6	236	1,257	209,560	1,143,600	3,844,844
7	315	2,739	279,564	1,486,658	6,034,936
8	386	2,230	338,588	1,873,400	10,066,690
9	398	1,600	368,788	1,653,760	6,067,900

(前掲『三河紡績糸』による)

臥雲辰致記念碑

毛足の長い良質の綿を得ることができるようになって、弾綿工程の躍進的発展をうながすようになった。このような技術的改革によって、ガラ紡は躍進をとげ、表のように、大戦の起った大正三年にくらべると、大正九年には、錘《すい》数はおよそ二倍の増加となっている。

臥雲辰致の記念碑

大正八年、「三河紡績組合」は、同業組合法によって改組し、「三河紡績同業組合」と称することになった。そしてこの同業組合の設立を記念して、この組合の事業のもととなったガラ紡機の発明家臥雲辰致の記念碑を建設することを計画した。この組合は、かつてガラ紡の最も栄えた明治二十年に、辰致をこの地に招いて、発明家としての辰致に敬意を表わし、この地方のガラ紡の現状を視察してもらって指導を受けたことがあったが、いままたガラ紡の躍進期を迎えて、この記念碑の建設を企てたのである。この碑は大正十年完成し、発明家としての彼の功績は、ガラ紡発展の地に永く後世に伝えられることになった。

ガラ紡の躍進期

ガラ紡は、その後第一次世界大戦後世界をおそった経済恐慌にも、さして影響を蒙ることなく、大正末期から昭和にいたるまで順調に発展した。日中戦争が起ってから、繊維産業の全面に各般の統制が施行されるようになると、純綿であることの魅力が大きくひびいて、ガラ紡糸の需要は激増した。

太平洋戦争に戦火が拡大すると、繊維資源に恵まれぬ国の要請にしたがって、ガラ紡麻糸などという新規格の糸もでき、これを利用した作業衣やゲートルなどがあらわれた。終戦後、ガラ紡機の設備に要する費用の低廉であるところから、全国にわたって、空前の設備増設がつづいた。

ガラ紡の原料

ガラ紡の原料は、これまで紡績工場の落綿・襤褸《ぼろ》屑などを反毛して屑綿繊維を得、これを利用していたが、その後これに加えて、人絹糸から人絹繊維を、羊毛襤褸から毛繊維を、麻襤褸から麻繊維を回収し、これをまぜ合せて各種の糸を製造することになっている。こうして、最新のガラ紡工程は、概略つぎのように行われている。

最新のガラ紡工程

1、故《ふる》屑繊維を反毛機に数回かけて綿状にする。

2、打綿機にかけて反毛の仕上げをし、同時に打綿機に連結してある撚子巻機によって、長さ三五センチメートルの棒状の綿をつくる。これを撚子という。

3、撚子を精紡機の綿筒に挿入する。綿筒は一間の長さの両側に三二本ずつ、都合六四本あり。六間の長さの精紡機一台は三八四錘である。

4、精紡機の構造は、辰致の発明したガラ紡機そのままで、回転しているブリキ製の綿筒からひき上げられた糸が、枠に巻き取られていくしくみになっている。

5、枠の糸を一本から数本合わせる。

6、合糸したものを撚糸機にかけて、撚りをかける。

7、できたかせを集めて二貫五〇〇匁の角状にする。これを一玉という。取引は原料も製品も一〇貫を単位として行う。

このようにして、幾度か危機に面しながらもこれを克服し、技術の改良をはかってその体質を改善してきたガラ紡は、洋式紡績と並存し、現在も特殊産業としてその意義を発揮している。そして業者たちは、この産業のもととなったガラ紡機の発明家臥雲辰致の業績を想い、三河紡績同業組合の建てた碑に刻まれた「発明益世、其業大慈」の文字を、いまもなお深い感銘をもって読むのである。

臥雲辰致系図

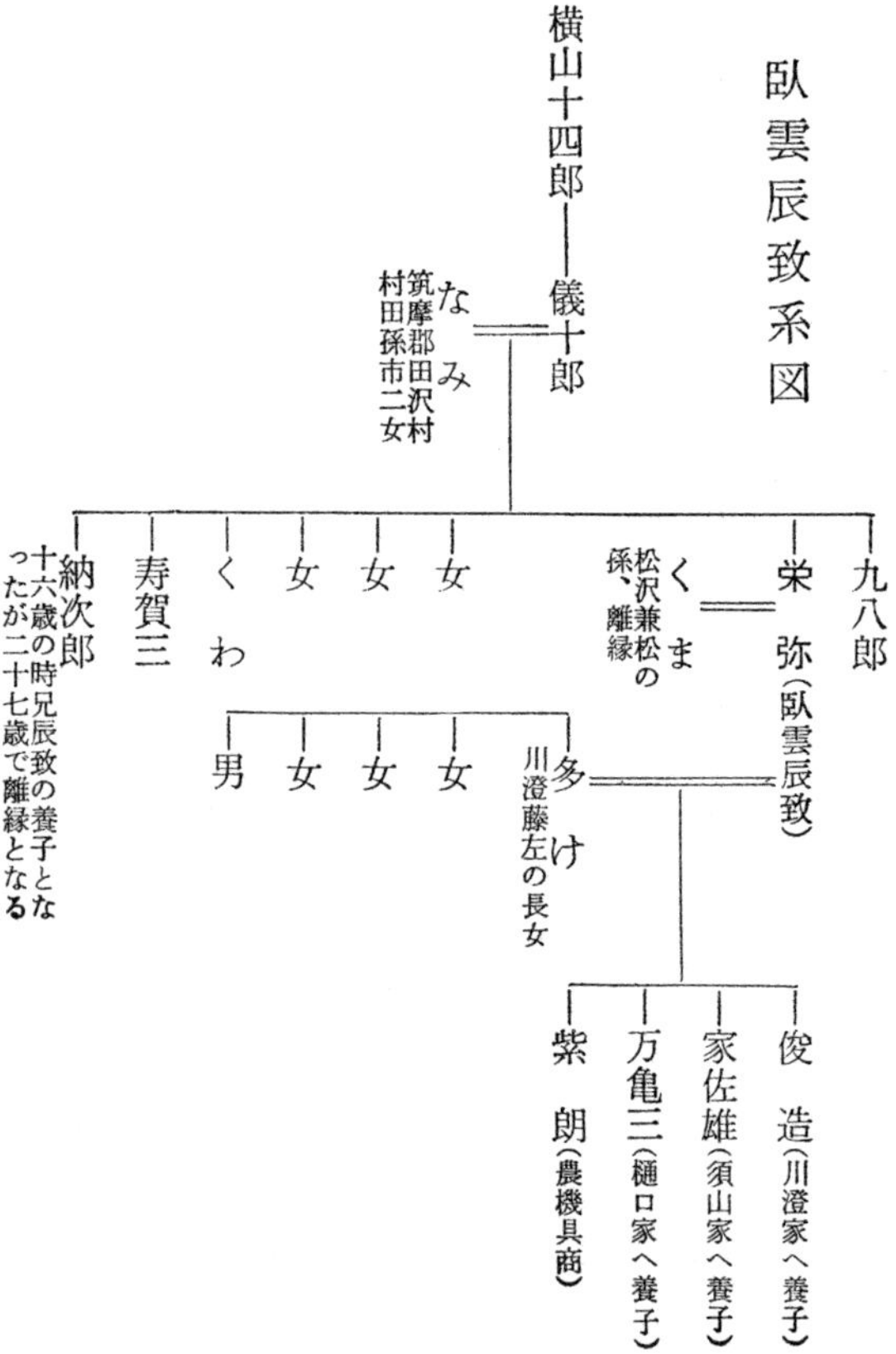

横山十四郎
儀十郎
なみ
筑摩郡田沢村村田孫市二女
九八郎
栄弥(臥雲辰致)
くま
松沢兼松の孫、離縁
女
女
女
くわ
寿賀三
納次郎
十六歳の時兄辰致の養子となったが二十七歳で離縁となる
多け
川澄藤左の長女
女
女
女
男
俊造(川澄家へ養子)
家佐雄(須山家へ養子)
万亀三(樋口家へ養子)
紫朗(農機具商)

略年譜

年次	西暦	年齢	事蹟	参考事項
文化 五	一八〇八		父儀十郎生まれる	
文政 一一	一八二八		母なみ生まれる	
天保 一三	一八四二	一	八月一五日、臥雲辰致信濃国安曇郡田多井村に生まれる	
一四	一八四三	二		外国船打払令をゆるめる
弘化 一	一八四四	三		オランダ王、開国をすすめる
嘉永 三	一八五〇	九	寺子屋で松下氏について学ぶ	
六	一八五三	一二	このころより遠近の村々をあるき、家業の手伝をする	ペリー浦賀に来航
安政 一	一八五四	一三		ペリー再び浦賀に来航〇和親条約
二	一八五五	一四	ガラ紡機発明の暗示を得て小器械をつくる〇九月一九日、松沢くま(のちの辰致の妻)生まれる〇一一月一日、川澄多け(二番目の妻)生まれる	

安政	五	一八五八	一七		日米修好通商条約
	六	一八五九	一八	一種の紡機を考案したが役に立たない	
万延	一	一八六〇	一九		桜田門外の変
文久	一	一八六一	二〇	岩原村安楽寺に入って僧となる	ロシア・イギリスの軍艦あいついで対馬に来航
慶応	一	一八六五	二四		綿製品の輸入増加
	二	一八六六	二五		各地に打こわし・百姓一揆頻発
	三	一八六七	二六	臥雲山孤峰院の住持となる	鹿児島紡績所開業（機械紡績工業のはじめ）〇一二月九日、王政復古の大号令
明治	一	一八六八	二七		神仏混淆を禁ずる
	三	一八七〇	二九		アメリカ産綿種を諸国に試作させる〇堺紡績所設立〇前橋製糸所で、水車機械製糸をはじめる（西洋製糸技術の輸入）
	四	一八七一	三〇	孤峰院廃寺、還俗、臥雲辰致を名のる	松本藩の神仏分離政策すすむ
	五	一八七二	三一	松沢くまと結婚	九月、鹿島紡績所操業をはじめる（民営機械紡績工場のはじめ）〇一〇月、

六	一八七三	三二	最初の太糸ガラ紡機を発明○土地測量器をつくる○筑摩県博覧会開かれる	富岡製糸場操業をはじめる（蒸気製糸のはじめ）
七	一八七四	三三		六月、京都織物試験所でジャカード織機起業する○筑摩郡北深志町に開産社ができる
八	一八七五	三四	ガラ紡機の専売免許を請願したが、法備らず、公売の許しを得て発売する○一月二〇日、筑摩郡波多村に移る○弟納次郎（一六歳）を養子とする	
九	一八七六	三五	三月、ガラ紡機を改良、細糸製造に成功する○機織機械を考案する○筑摩県より県官出張、新造の紡機の試運転を視察する○五月、松本開産社内に連綿社をつくる○筑摩郡北深志町松本開産社内に移る○六月一八日、紡機織機製作について大工百瀬与市と約条する○一〇月五日、紡機織機の製作について、製作一手引受人吉野儀	一二月、三重・愛知・岐阜・堺など四県に一揆起る

			重と約定書をかわす〇六月二三日、妻くまを離縁する〇一一月二五日、第一回内国勧業博覧会に紡機出品の願書を提出	
明治一〇	一八七七	三六	一月、筑摩郡北深志町に工場を設立する〇はじめて水車を利用してガラ紡機を運転する〇四月二四日、綿紡機械用法便明細書を提出〇五月、山梨県へ出張、紡機製作を指導〇六月、器械を改造する〇八月二一日、第一回内国勧業博覧会で鳳紋賞牌をうける〇九月九日、連綿社条約書に署名〇一一月三〇日、連綿社東京支店を設ける	八月二一日、第一回内国勧業博覧会が開かれる〇一二月、三河で水車紡績が始まる
一一	一八七八	三七	川澄藤左の長女多けと結婚〇五月、山梨県へ出張〇七月山梨県へ連綿社を設ける〇九月、明治天皇北陸巡幸の途次、長野でガラ紡機を御覧〇三河の鈴木六三郎、辰致を訪れて指導を受ける〇一〇月、石川県に連綿支社を設ける〇一二月一五日、長子俊造が生まれる	三河の甲村滝三郎足踏機でガラ紡を始める〇舟紡績が始まる
一二	一八七九	三八	一月、連綿社改組、業務を拡張する〇四月一六	一〇月、甲村滝三郎水車紡績を始める

			日、養子納次郎と共に松本開産社内に移籍する〇七月、石川県で器械の製造販売を行う	〇二〇〇〇錘紡機を民間に払い下げる
一三	一八八〇	三九	ガラ紡機の要部を改良〇六月、明治天皇中山道巡幸の途次、松本でガラ紡機御覧〇佐野常民ら工場を巡視〇六月、石川県へ出張〇ガラ紡機の模造品続出、連綿社苦況〇七月、東京連綿支社を閉鎖〇一二月、連綿社解散、臥雲商会をおこす	二月、綿糖共進会へガラ紡糸(臥雲糸)が出品され好評〇舟紡績三河中畑方面にひろがる〇ガラ紡全国に普及する〇紺飛白および青梅縞絣糸用東京丸、三河半紡木綿よこ糸七分総はじまる〇三府五県に洋式紡績工場ができる
一四	一八八一	四〇	三月、器械の要部に改良を加える〇三月二六日、第二回内国勧業博覧会出品について請願書を提出〇六月、第二回内国勧業博覧会で進歩二等賞を得る〇改めて上京〇大森惟中家に寄寓〇八月一五日、二男家佐雄生まれる	六月、第二回内国勧業博覧会が開かれる〇三河にガラ紡滝井組ができる〇一二月、官営愛知紡績所開業
一五	一八八二	四一	東筑摩郡北深志町に帰る〇五月、石川県勧業課傭となり、石川県で紡機の改良につとめる〇七月三一日、石川県宛「綿糸紡績機械改良御検査願」を提出する〇青柳綿紡社の設立を企てる〇一〇月三〇日、藍綬褒章を受ける	八月、三河地方洪水〇一〇月、紡績連合会を組織する

明治一六	一八八三	四三	二月、百瀬軍治郎と協力して水車紡績を経営○諏訪郡に青木岸造と協力して綿糸紡績業をおこすことを計画○一一月二六日、「機械性能・取扱方法等ニ関スル問答」を郡長宛提出	工場払下規則を出す○七月、一万五〇〇錘の大阪紡績会社開業
一七	一八八四	四四	二月三日、三男万亀三が生まれる	三河に額田紡績組合できる○遠州紡績会社開業
一八	一八八五	四五	四月、共同水車場破損○ガラ紡機の特許を出願する○九月二一日、松本開産社内の水車場を売却○波多村へ引退	四月一八日、専売特許条令制定○三月、名古屋紡績会社開業○五品共進会へ二府十県下よりガラ紡糸が多数出品される○五品共進会ガラ紡の技術上の劣位を宣言する○七月、三河遠江地方水害、綿花潰滅、中国綿の使用始まる○岡崎の業者が六名懇親社をつくる○三子撚糸製造はじまる○渡辺彦太郎フランス式ジャカード機をつくる○綿布の輸出額が輸入額を越す
一九	一八八六	四六	四月三〇日、養子納次郎を離縁し、実家横山家に帰す○北深志町の水車場を売却する○一二	大阪紡績会社設立○日本銀行券発行

			月、多けを入籍する	
二〇	一八八七	四六	六月一五日、四男紫朗が生まれる	このころ、ガラ紡初期の黄金時代〇三月、天満・浪華・平野の三大紡績会社設立〇六月、尾張紡績会社創立〇木製打綿機大阪より三河に移入される〇水車式三ツ行燈をはじめる〇中野清六、糸番手一間調節法を考案する〇鐘淵紡績・大日本紡績創立〇一二月二〇日、専売特許条令公布
二一	一八八八	四七	四月、額田紡績組合、辰致を招くことを決議〇七月、愛知県額田郡常盤村に赴く〇八月、信州に帰る〇九月、武居正彦と同道して三河に赴き、甲村滝三郎と特許出願を決める〇一〇月、上京〇一〇月一〇日、特許申請書を提出〇一一月一〇日、特別審査願を提出する	
二二	一八八九	四八	五月、特許願書中、願人記名順序変更を願う〇三河岡崎に赴く〇八月一日、特許願書附属明細書に不完全のかどあり、訂正の通知を受ける〇九月一三日、綿紡機の特許を受ける（申請人、甲村滝三郎・武居正彦・臥雲辰致）	二月一一日、帝国憲法発布〇矢作川水害
二三	一八九〇	四九	蚕網織機を発明〇五月、紡機の改良点について重ねて特許を出願〇七月、第三回内国勧業博覧会へ蚕網織機を出品、賞を受ける〇九月一五	このころ、綿糸の国内生産高が輸入高とほぼ同じになる〇ガラ紡不況〇三河で下請賃加工制度が始まる〇紡績第一

			日、明細書訂正の示達を受ける○一一月八日、提出期間延期を申請○一二月一五日、訂正明細書に図面を添えて提出する	次操短開始
明治二四	一八九一	五〇	七桁計算器・土地測量器を考案する	大日本紡績が綿糸の輸出を開始○インド綿の直輸入開始○下瀬雅充、下瀬火薬を発明
二五	一八九二	五一		撚掛機が普及する○三白木綿よこ糸としての福釜丸および綿糸よこ糸紋羽よこ糸の製糸はじまる○水力電気はじまる
二六	一八九三	五二	家屋普請○『日本修身書』(金港堂発行)に辰致の業績が掲載される	ガラ紡の原料として、紡績会社の落綿の使用が始まる○二子撚糸がはじめてつくられる
二七	一八九四	五三	『日本修身経』(富山房発行)に辰致の業績が掲載される	廻転運動による混綿機が考案される○八月、日清戦争が始まる○二宮忠八、飛行機を試作する
二八	一八九五	五四		ロープ帆綱および網用としての毬糸をつくり始める○豊田佐吉が自動織機を

二九	一八九六	五五	『実業人傑伝』に臥雲辰致の伝記が掲載される	発明する 綿花輸入税をやめる
三〇	一八九七	五六	二月二一日、長子俊造を妻多けの実家川澄家の養子とする	綿糸輸出高が輸入高をしのぐ
三一	一八九八	五七	『明治忠孝節義伝』(国之礎社発行)に臥雲辰致伝が掲載される○七月、綛繊機の特許を受ける(申請人、宮下祐義・川澄俊造・徳本伊七)	七ツ行燈および撚子巻機が発明される○舟紡績の最盛期
三二	一八九九	五八	胃を病む	三河地方足袋底張木綿、二等半紡木綿よこ糸としての二等七分をはじめる○三月二日、特許法意匠法・商標法公布
三三	一九〇〇	五九	三月、東京彰善会、病床の辰致に頌徳状をおくる○六月二九日、病歿する○『国語読本』(金港堂発行)の教材となる	
四〇	一九〇七		三男万亀三、樋口太門次の養子となる	
大正 四	一九一五		『実業修身教科書』(六盟館発行)に辰致の発明生活が掲載される	
五	一九一六		二男家佐雄、須山もときと入夫婚姻	
八	一九一九		三河紡績同業組合、辰致の記念碑を建てる	

主要参考文献

『ガラ紡業の始祖臥雲辰致翁伝記』 榊原金之助 昭和二四年 愛知県ガラ紡績工業会
『明治十年内国勧業博覧会報告書』 明治一〇年 内国勧業博覧会事務局
『明治十年内国勧業博覧会出品解説』 明治一〇年 内国勧業博覧会事務局
『明治十二年第二回内国勧業博覧会報告書』 明治一四年 内国勧業博覧会事務局
『実業人傑伝』 広田三郎 明治二九年 金港堂
『明治忠孝節義伝』 松本勝次郎 明治三一年 国之礎社
『実業修身書』 井上哲次郎 大正四年 六盟社
『大日本産業事蹟下』 大林雄也 明治二四年 目黒伊三郎
『松本郷土訓話集』 松本尋常高等小学校 明治四五年 交文社
『信濃の人』 信濃史談会 大正三年
『日本ガラ紡史話』 中村精 昭和一七年 慶応出版社
『本邦綿糸紡績史』 絹川太一 昭和三年

『三河紡績糸』 三河紡績同業組合 大正一〇年
『三河水車紡績業に関する調査』 大正八年 農商務省臨時産業調査局
『解説ガラ紡績』 渡辺総一郎 昭和二二年 紡織通信中部支社
『日本綿業発達史』 三瓶孝子 昭和一六年 慶応書房

著者略歴

大正四年生れ
昭和十年台北第一師範学校卒業
昭和三十九年名古屋大学文学部研究生修業
刈谷市立刈谷東中学校教諭、刈谷市教育委員会勤務等を経て
現在　愛知大学講師、刈谷市史編集委員

主要著書
近世伊勢湾海運史の研究　碧海の歴史　刈谷町庄屋留帳〈編〉　三州和泉屋平右衛門太田家文書〈編〉　刈谷藩における寛政一揆史料集〈編〉

人物叢書　新装版

臥雲辰致

昭和四十年二月二十日　第一版第一刷発行
平成　元　年十二月　一　日　新装版第一刷発行

著　者　村瀬《むらせ》正章《まさゆき》
編集者　日本歴史学会
代表者　児玉幸多
発行者　吉川圭三
発行所　株式会社　吉川弘文館
東京都文京区本郷七丁目二番八号
郵便番号一一三
電話〇三―八一三―九一五一〈代表〉
振替口座東京〇―二四四
印刷＝平文社　製本＝ナショナル製本

『人物叢書』(新装版)刊行のことば

人物叢書は、個人が埋没された歴史書が盛行した時代に、「歴史を動かすものは人間である。個人の伝記が明らかにされないで、歴史の叙述は完全であり得ない」という信念のもとに、専門学者に執筆を依頼し、日本歴史学会が編集し、吉川弘文館が刊行した一大伝記集である。

幸いに読書界の支持を得て、百冊刊行の折には菊池寛賞を授けられる栄誉に浴した。

しかし発行以来すでに四半世紀を経過し、長期品切れ本が増加し、読書界の要望にそい得ない状態にもなったので、この際既刊本の体裁を一新して再編成し、定期的に配本できるような方策をとることにした。既刊本は一八四冊であるが、まだ未刊である重要人物の伝記についても鋭意刊行を進める方針であり、その体裁も新形式をとることとした。

こうして刊行当初の精神に思いを致し、人物叢書を蘇らせようとするのが、今回の企図である。大方のご支援を得ることができれば幸せである。

昭和六十年五月

日本歴史学会
代表者 坂本太郎

〈オンデマンド版〉
臥雲辰致

人物叢書　新装版

2021年（令和3）10月1日　発行

著　者　村《むら》瀬《せ》正《まさ》章《ゆき》
編集者　日本歴史学会
代表者　藤田　覚
発行者　吉川道郎
発行所　株式会社　吉川弘文館
〒113-0033　東京都文京区本郷7丁目2番8号
TEL　03-3813-9151〈代表〉
URL　http://www.yoshikawa-k.co.jp/

印刷・製本　大日本印刷株式会社

村瀬正章（1915～2015）

ISBN978-4-642-75180-3